DO PARAÍSO E DO PODER

ROBERT KAGAN

DO PARAÍSO E DO PODER

Os Estados Unidos e a Europa na nova ordem mundial

Tradução de
JUSSARA SIMÕES

Rio de Janeiro – 2003

Título original
OF PARADISE AND POWER
America and Europe in the New World Order

Copyright © 2003 *by* Robert Kagan

Edição brasileira publicada mediante acordo com
Alfred A. Knopf, uma divisão da
Random House, Inc.

Uma versão mais curta deste ensaio apareceu originalmente
na forma de artigo intitulado "Power and Weakness"
em *Policy Review* (junho/julho 2002)

Direitos para a língua portuguesa reservados
com exclusividade para o Brasil à
EDITORA ROCCO LTDA.
Rua Rodrigo Silva, 26 – 4º andar
20011-040 – Rio de Janeiro, RJ
Tel.: 2507-2000 – Fax: 2507-2244
e-mail: rocco@rocco.com.br
www.rocco.com.br
Printed in Brazil/Impresso no Brasil

preparação de originais
MARIA ANGELA VILLELA

CIP-Brasil. Catalogação-na-fonte.
Sindicato Nacional dos Editores de Livros, RJ.

K17d

Kagan, Robert
Do paraíso e do poder: os Estados Unidos e a Europa na nova ordem mundial / Robert Kagan; tradução de Jussara Simões. – Rio de Janeiro: Rocco, 2003
– (Idéias Contemporâneas)

Tradução de: Of paradise and power: America and Europa in the new world order
ISBN: 85-325-1552-5

1. Pós-comunismo – Europa. 2. União Européia. 3. Estados Unidos – Relações exteriores – Europa. 4. Europa – Relações exteriores – Estados Unidos. I. Título.

03-0428

CDD – 327.7304
CDU – 327(73:04)

Para Leni e David

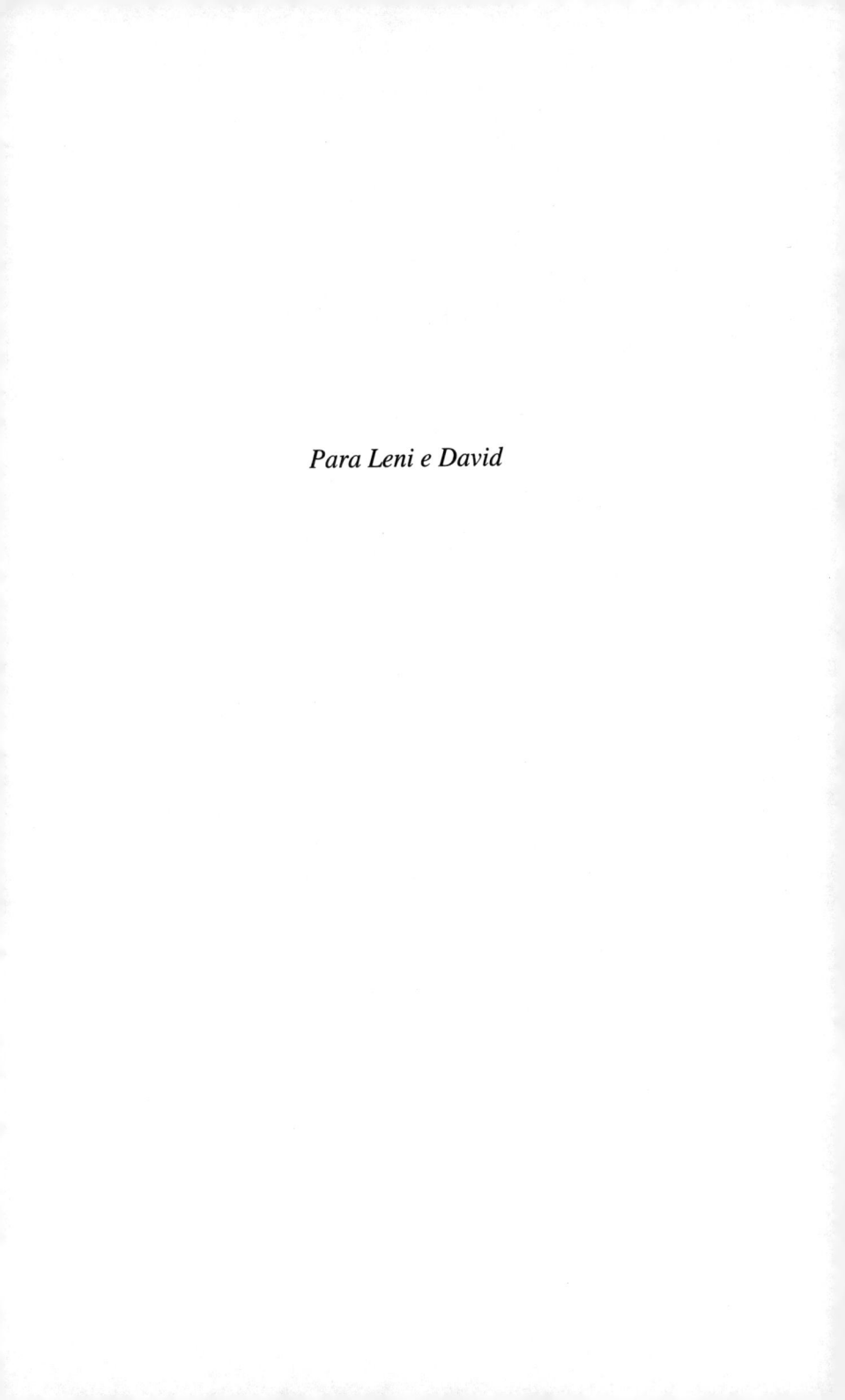

JÁ É TEMPO DE PARAR DE FINGIR que os europeus e os norte-americanos têm a mesma visão de mundo, ou que habitam o mesmo mundo. Na importantíssima questão do poder, da eficácia do poder, da moralidade do poder, da vontade de poder – as perspectivas norte-americanas e européia divergem. A Europa está afastando-se do poder, ou, em outras palavras, está caminhando para além do poder, rumo a um mundo isolado repleto de leis, normas, negociações e cooperações internacionais. Está entrando num paraíso pós-histórico de paz e relativa prosperidade, a concretização da "paz perpétua" de Immanuel Kant. Os Estados Unidos, entretanto, continuam chafurdando na história, exercendo o poder num mundo hobbesiano anárquico, onde as leis e as diretrizes internacionais não são dignas de confiança, a verdadeira segurança, a defesa e a promoção da ordem liberal ainda dependem da posse e do uso do poderio militar. É por isso que, nas principais questões estratégicas e internacionais da atualidade, os norte-americanos são de Marte e os europeus são de Vênus. Têm poucos pontos em comum e seu entendimento mútuo é cada vez menor. E essa situação não é transitória – produto de eleições nos EUA ou de algum acontecimento catastrófico. Os motivos do cisma transatlântico são profundos, de longa evolução e com probabilidade de serem duradouros. No tocante à definição de prioridades nacionais, de ameaças, desafios, e de elaboração e implantação de políticas internacionais e de defesa, os Estados Unidos e a Europa tomaram rumos distintos.

É mais fácil perceber a diferença quando se é norte-americano vivendo na Europa. Os europeus estão mais conscientes das diferenças cada vez maiores, talvez por temê-las mais que os americanos. Os intelectuais europeus são praticamente unânimes na convicção de que americanos e europeus não compartilham mais uma "cultura estratégica" em comum. A caricatura européia, em seu aspecto mais radical, expõe os Estados Unidos dominados por uma "cultura da morte", seu temperamento belicoso, que é produto natural de uma sociedade violenta, onde todos os cidadãos possuem armas de fogo e na qual predomina a pena de morte. Mesmo aqueles, porém, que não fazem essa associação rude concordam que há diferenças profundas no modo como os Estados Unidos e a Europa conduzem a política internacional.

Os Estados Unidos, afirmam, recorrem à força com mais rapidez e, em comparação com a Europa, têm menos paciência com a diplomacia. Os norte-americanos em geral vêem o mundo dividido entre o bem e o mal, entre amigos e inimigos, ao passo que os europeus enxergam um quadro mais complexo. Quando enfrentam adversários reais ou prováveis, os norte-americanos costumam preferir políticas de coerção, em vez de persuasão; salientam sanções punitivas, em detrimento do incentivo a melhor comportamento, preferem o castigo à recompensa. Os americanos costumam procurar finalidade nas questões internacionais. Querem que os problemas sejam resolvidos e as ameaças, eliminadas. E, naturalmente, cada vez mais se inclinam na direção do unilateralismo nos assuntos internacionais. Estão menos propensos a agir por intermédio de instituições internacionais como a ONU, são menores as probabilidades de colaboração com outros países para encontrar objetivos em comum, estão mais céticos no tocante ao direito internacional e mais dispostos a fugir de sua rigidez quando julgam necessário, ou apenas útil.[1] Os europeus fazem questão de afirmar que tratam dos problemas com mais delicadeza e requinte. Tentam exercer sua influência por meio de sutileza e dissimulação. São mais tolerantes com as falhas, mais pacientes quando as soluções não aparecem rapidamente. Em geral, defendem reações pacíficas aos problemas, preferem a negociação, a diplomacia e a persuasão à força. Recorrem mais depressa ao direito internacional, às convenções internacionais e à opinião internacional antes de arbitrar litígios. Tentam empregar os laços econômicos e comerciais para unir os países. É comum darem mais ênfase ao processo que ao resultado; acreditam que, no fim das contas, o processo pode concretizar-se.

Esse retrato da Europa é uma caricatura dupla, naturalmente, com sua parcela de exageros e supersimplificações. Não se pode generalizar no tocante aos europeus: os britânicos têm uma opinião mais "norte-americana" acerca do poder do que muitos europeus continentais. Sua recordação do império, a "relação especial" com os Estados Unidos, nascida durante a Segunda Guerra Mundial e no início da Guerra Fria, e sua posição historicamente indiferente em relação ao restante da Europa costuma afastá-los. Nem se pode simplesmente agrupar França e Alemanha: aquela, orgulhosa e independente, mas sua insegurança é surpreendente; esta mistura confiança e inse-

---

[1] Um observador francês digno de nota descreve "um estado de espírito norte-americano propenso a salientar as soluções militares, técnicas e unilaterais para os problemas internacionais, provavelmente à custa das soluções cooperativas e políticas". Ver Gilles Andreani, "The Disarray of U.S. Non-Proliferation Policy", *Survival* 41(inverno 1999-2000): 42-61.

gurança desde o fim da Segunda Guerra Mundial. Os países da Europa Central e do Leste europeu, entretanto, têm uma história completamente diferente daquela de seus vizinhos ocidentais; um medo com raízes históricas do poderio russo e, em conseqüência disso, uma perspectiva mais norte-americana acerca das realidades hobbesianas. E, naturalmente, há perspectivas internas divergentes em países de ambos os lados do Atlântico. Os gaullistas franceses não são iguais aos socialistas franceses. Nos Estados Unidos, os Democratas muitas vezes parecem mais "europeus" que os Republicanos; o secretário de Estado Colin Powell talvez pareça mais "europeu" que o secretário da Defesa Donald Rumsfeld. Muitos americanos, em especial os da elite intelectual, incomodam-se tanto com a "dureza" da política internacional dos EUA quanto qualquer europeu, e alguns europeus atribuem tanto valor ao poder quanto qualquer americano.

Não obstante, as caricaturas captam uma verdade essencial: os Estados Unidos e a Europa são hoje fundamentalmente diferentes. Powell e Rumsfeld têm mais em comum do que Powell e os ministros das Relações Exteriores da França, da Alemanha, ou mesmo da Inglaterra. No tocante ao uso da força, os adeptos da corrente principal do Partido Democrata têm mais em comum com os Republicanos do que com a maioria dos europeus. Durante a década de 1990, até os liberais americanos estavam mais dispostos a recorrer à força, e eram mais maniqueístas em sua percepção do mundo do que a maioria de seus equivalentes europeus. A administração Clinton bombardeou o Iraque, bem como o Afeganistão e o Sudão. A maioria dos governos europeus, pode-se dizer com segurança, não o teria feito e ficou, de fato, horrorizada com o militarismo americano. Saber se os europeus teriam mesmo bombardeado Belgrado em 1999, caso os Estados Unidos não os tivessem obrigado, é uma questão interessante.² Em outubro de 2002, a maioria dos senadores Democratas apoiaram a resolução de autorizar o presidente Bush a declarar guerra ao Iraque, embora seus equivalentes políticos na França, na Alemanha, na Itália, na Bélgica, e mesmo no Reino Unido, tenham encarado tal decisão com perplexidade e horror.

Qual é a fonte dessas perspectivas estratégicas divergentes? A questão tem recebido pouquíssima atenção nos últimos anos. Os intelectuais das relações internacionais e os estrategistas políticos de ambos os lados do Atlântico negam a existência de diferenças genuínas ou fazem pouco caso das atuais discordâncias, acrescentando que a aliança transatlântica já teve momentos de tensão no passado. Os que levam a sério as atuais diferenças, principalmente na Europa, interessam-se mais por atacar os Estados Unidos do que por entender o comportamento de tal país – ou, por falar nisso, o comportamento da própria Europa. Já passou da hora de superar a denegação e os insultos, e encarar o problema de frente.

Apesar das convicções de muitos europeus e de alguns americanos, essas diferenças em cultura estratégica não brotam naturalmente do caráter nacional de americanos e europeus. O que os europeus hoje consideram sua cultura estratégica mais pacífica é, historicamente falando, uma grande novidade. Representa uma evolução para longe da cultura estratégica tão diferente que predominou na Europa durante centenas de

---

² O caso da Bósnia no início da década de 1990 destaca-se como exemplo no qual alguns europeus, principalmente o Primeiro Ministro britânico Tony Blair, chegaram a ser mais enérgicos na defesa do uso das Forças Armadas do que as administrações Bush e, depois, Clinton. (Blair também foi um dos primeiros a defender o uso da força aérea e até mesmo de contingentes terrestres na crise do Kosovo.) E os europeus tinham tropas terrestres na Bósnia, embora os EUA não as tivessem, numa função pacificadora da ONU, ineficaz quando desafiada.

anos – pelo menos até a Primeira Guerra Mundial. Os governos europeus – e os povos – que se lançaram com entusiasmo naquela guerra continental eram partidários da *Machtpolitik*. Eram nacionalistas fervorosos que desejavam promover a idéia do nacionalismo por intermédio da força das armas, como fizeram os alemães no governo de Bismarck, ou promover *egalité* e *fraternité* com a espada, como Napoleão tentara no início do século XVIII, ou difundir as bênçãos da civilização liberal pela boca dos canhões, como fizeram os ingleses durante os séculos XVII, XVIII e XIX. A ordem européia que nasceu com a unificação da Alemanha em 1871 fora, "como todas as suas predecessoras, gerada pela guerra".[3] Embora as raízes da atual mundividência européia, assim como as raízes da própria União Européia, remontem ao Iluminismo, a política das grandes potências européias nos últimos trezentos anos não obedeceu aos projetos visionários dos *philosophes* e dos fisiocratas.

Quanto aos Estados Unidos, não há nada de eterno na atual política de recorrer à força como instrumento de relações internacionais, nem na tendência rumo ao unilateralismo e ao afastamento da obediência ao direito internacional. Os norte-americanos também são filhos do Iluminismo e nos primeiros anos da república eram os apóstolos mais fiéis de seu credo. Ao nascer, os Estados Unidos da América eram a grande esperança dos europeus iluministas, que haviam perdido a esperança no próprio continente e consideravam a América o único local "onde a razão e a humanidade" poderiam "desenvolver-se com mais rapidez do que em qualquer outro lugar".[4] A retórica, se não sempre a prática, da política internacional norte-americana

---

[3] Michael Howard, *The Invention of Peace* (New Haven, 2001), p. 47.
[4] Robert R. Palmer, *The Age of the Democratic Revolution: A Political History of Europe and America, 1760-1800* (Princeton, 1959), 1:242.

em seus primórdios estava repleta de princípios do Iluminismo. Os estadistas dos EUA em fins do século XVIII, assim como os estadistas europeus da atualidade, enalteciam as virtudes do comércio por ser o bálsamo que aliviava os atritos internacionais e que recorria ao direito internacional e à opinião internacional em detrimento da força bruta. O jovem país exercia o poder contra os povos mais fracos do continente norte-americano, mas, quando precisava lidar com os gigantes europeus, declarava renunciar ao poder e tachava de atavismo a política de poder dos impérios europeus dos séculos XVIII e XIX. Alguns historiadores deduziram dessa perspectiva equivocada que a geração fundadora dos Estados Unidos era utópica, que realmente considerava a política do poder "hostil e repulsiva" e era incapaz de "compreender a importância do fator poder nas relações internacionais".[5] Mas George Washington, Alexander Hamilton, John Adams, e mesmo Thomas Jefferson não eram utopistas. Eram muito experientes nas realidades da política internacional do poder. Sabiam jogar segundo as regras européias quando as circunstâncias permitiam e quase sempre desejavam ter poder para jogar com eficácia o jogo da política do poder. Mas eram realistas o bastante para saber que eram fracos e, tanto consciente quanto inconscientemente, usavam as estratégias dos fracos para tentar impor sua vontade ao mundo. Denegriam a política do poder e declaravam aversão à guerra e ao poderio militar, domínios nos quais eram muito inferiores às grandes potências européias. Enalteciam as virtudes e os resultados apaziguadores do comércio, com o qual os Estados Unidos competiam em plano mais igualitário. Ape-

---

[5] Felix Gilbert, *To the Farewell Address: Ideas of Early American Foreign Policy* (Princeton, 1961), p.17.

lavam ao direito internacional por ser o melhor meio de reger o comportamento das nações, sabendo bem que tinham poucos outros meios de conter a Inglaterra e a França. Sabiam, por terem lido Vattel, que no direito internacional, "a força ou a fraqueza... não valem nada. O anão é tão homem quanto o gigante; a pequena república não é menos soberana que o reino mais poderoso".[6] Gerações posteriores de americanos, possuidoras de muito mais poder e influência no cenário mundial, nem sempre se apaixonaram tanto por essa qualidade igualitária limitadora do direito internacional. No século XVIII e no início do século XIX, eram as potências européias que nem sempre queriam deixar-se conter.

Dois séculos depois, os americanos e os europeus trocaram de papel e de perspectiva. Isso se deve, em parte, ao fato de que nesses duzentos anos e, em especial, nas décadas recentes, a equação do poder se alterou de maneira impressionante. Quando os Estados Unidos eram fracos, praticavam estratégias de dissimulação, as estratégias da fraqueza; agora que os Estados Unidos são poderosos, comportam-se como os países poderosos. Quando as grandes potências européias eram fortes, acreditavam na força e na glória marcial. Agora vêem o mundo com os olhos das potências mais fracas. Esses pontos de vista bem diferentes produziram, naturalmente, juízos estratégicos divergentes, avaliações distintas das ameaças e dos meios apropriados de tratá-las, cálculos distintos de interesses e perspectivas diferentes no tocante ao valor e ao significado do direito internacional e das instituições internacionais.

Esse desfiladeiro que se abriu entre os poderes, porém, é apenas uma parte da explicação do vasto golfo que se abriu

---

[6] Citado em Gerald Stourzh, *Alexander Hamilton and the Idea of Republican Government* (Stanford, 1970), p.134.

entre os Estados Unidos e a Europa. Juntamente com essas conseqüências naturais da disparidade de poderes entre os dois lados do Atlântico, também se abriu uma grande brecha ideológica. Os europeus, em razão de sua experiência histórica sem par no século passado – que culminou na criação da União Européia –, engendraram uma série de ideais e princípios relativos à utilidade e à moralidade do poder que diverge dos ideais e dos princípios dos norte-americanos, que não participaram daquela experiência. Se o abismo estratégico entre os Estados Unidos e a Europa parece maior do que nunca nos dias de hoje, e aumenta em velocidade preocupante, isso acontece porque essas diferenças materiais e ideológicas reforçam-se umas às outras. A tendência à divisão que ambos produzem talvez seja irreversível.

O ABISMO ENTRE OS PODERES

Talvez alguém pergunte: qual é a novidade? É verdade que o poderio militar da Europa está em declínio há muito tempo. O golpe mais prejudicial sofrido tanto pelo poder quanto pela confiança europeus foi desferido há quase um século, na guerra mundial que irrompeu em 1914. Esse conflito horrendo arrasou três das cinco potências européias – Alemanha, Áustria-Hungria e Rússia – que foram os principais pilares do equilíbrio de poderes no continente desde 1871. Provocou danos nas economias européias, obrigando-as a uma dependência de décadas dos banqueiros americanos. Acima de tudo, porém, a guerra destruiu a determinação e o ânimo da Grã-Bretanha e da França, pelo menos até os ingleses se unirem sob o comando de Churchill em 1939, quando já era tarde demais para evitar outra guerra mundial. Na década de 1920, a

Inglaterra cambaleava em conseqüência da carnificina insensata de toda uma geração de jovens em Passchendaele e em outros campos de extermínio, e o governo britânico iniciou, no fim da guerra, a rápida desmobilização do exército. A França, apavorada, esforçara-se por manter forças militares adequadas para deter o que considerava retorno inevitável do poder e do revanchismo alemães. No início da década de 1920, a França buscava desesperadamente uma aliança com a Inglaterra, mas a garantia anglo-americana de defender a França, que fora estipulada no Tratado de Versalhes, se esvaneceu quando o senado dos EUA se recusou a ratificá-la. Entrementes, os traumatizados ingleses, que, não se sabe como, estavam irracionalmente convictos de que era a França, e não a Alemanha, a maior ameaça à paz européia, continuavam insistindo, ainda em 1934, em que a França se desarmasse no mesmo nível da Alemanha. Era solitária a voz de Winston Churchill ao advertir o "perigo medonho" de "pedir eternamente aos franceses que se desarmassem".[7]

O período entre guerras foi a primeira tentativa européia de afastar-se da política do poder, de transformar a fraqueza em virtude. Em vez de recorrer ao poder, como faziam no passado, os vencedores europeus da Primeira Guerra Mundial depositaram sua fé na "segurança coletiva" e em sua materialização institucional, a Liga das Nações. "Nosso objetivo", declarou um dos estadistas da Liga, era "tornar impossível a guerra, matá-la, aniquilá-la. Para isso, tínhamos de criar um sistema".[8] Mas o "sistema" não funcionou, em parte porque seus principais membros não tinham poder nem vontade. A ironia é que a

---

[7] Winston Churchill, *The Gathering Storm* (Boston, 1948), p. 94.
[8] Edvard Benes, citado em E. H. Carr, *The Twenty Years' Crisis*, 1919-1939 (Londres, 1948), p. 30.

força motriz intelectual desse empenho para resolver a crise de segurança na Europa por meio da criação de uma pessoa jurídica supranacional era americana, Woodrow Wilson. Wilson falava com a autoridade de quem, em décadas recentes, se tornara um dos países mais ricos e poderosos do mundo, e cujo ingresso tardio na Primeira Guerra Mundial ajudara de maneira significativa a vitória dos Aliados. Infelizmente, Wilson falava em nome dos Estados Unidos num momento em que também esse país fugia do poder e, conforme ficou constatado, não falara realmente pelo país. A recusa norte-americana em participar da instituição que Wilson criara destruiu qualquer probabilidade, por menor que fosse, que essa instituição poderia ter de êxito. Conforme Churchill recordou com astúcia: "A nós, que adiamos tanto a anuência com as opiniões e os desejos [de Wilson] em todas essas negociações de pacificação, nos disseram, sem a menor cerimônia, que devíamos nos informar melhor acerca da Constituição dos Estados Unidos."[9] Os europeus foram abandonados à própria sorte e, quando se depararam com o poder em ascensão de uma Alemanha revisionista que estava voltando a armar-se na década de 1930, a "segurança coletiva" se dissolveu e foi substituída pela política da conciliação.

Em seu núcleo, apaziguar a Alemanha nazista era uma estratégia fundamentada na fraqueza, menos proveniente da genuína capacidade de deter o poderio alemão do que do compreensível medo de outra grande guerra na Europa. Porém, construída sobre esse alicerce, havia uma estrutura minuciosa de argumentações sofisticadas sobre a natureza da ameaça imposta pela Alemanha e sobre as melhores maneiras de lidar com ela. As autoridades inglesas, em especial, sempre subestimavam a ameaça, ou empenhavam-se na idéia de que ainda não era grave

---

[9] Churchill, *The Gathering Storm*, p.12.

o bastante para exigir atenção. "Se fosse possível provar que a Alemanha estava se rearmando", declarou o líder conservador inglês Stanley Baldwin em 1933, então a Europa poderia fazer algo. "Mas essa situação ainda não surgiu".[10] Os proponentes da conciliação apresentaram muitos motivos que tornavam desnecessário e inadequado o uso da força. Alguns afirmavam que a Alemanha e seu governo nazista tinham ressentimentos legítimos que as potências ocidentais tinham de levar em conta. O Tratado de Versalhes, conforme explicou John Maynard Keynes, fora severo e contraproducente, e a Inglaterra e a França só poderiam culpar a si mesmas se a política alemã se tornasse furiosa e revanchista. Quando Hitler se queixou dos maus-tratos aos alemães étnicos na Tchecoslováquia e em outros países, as democracias ocidentais estavam dispostas a ceder nesse ponto. Nem queriam as outras potências européias acreditar que um racha ideológico tornara impossível um acordo com Hitler e os nazistas. Em 1936, o primeiro-ministro da França, Léon Blum, disse a um ministro alemão em visita: "Sou marxista e judeu", mas "não realizaremos nada se considerarmos insuperáveis as barreiras ideológicas".[11] Muitos se convenceram de que, embora Hitler parecesse mau, as alternativas a ele na Alemanha talvez fossem piores. As autoridades inglesas e francesas esforçavam-se por conseguir a assinatura de Hitler em tratados, acreditando que ele sozinho conseguiria controlar o que se presumia "serem as forças mais radicais da sociedade alemã".[12]

---

[10] Citado em A.J. P. Taylor, *The Origins of the Second World War* (Nova York, 1983), pp. 73-74.
[11] Citado em Henry Kissinger, *Diplomacy* (Nova York, 1994), p. 307.
[12] Segundo um oficial alemão que servia em Berlim, "se Hitler for sincero ao proclamar seu desejo de paz, podemos nos parabenizar por termos chegado a um acordo; se ele tiver outros desígnios, ou se um dia tiver de ceder a algum fanático, pelo menos teremos adiado a eclosão de uma guerra e isso será, de fato, lucro". Citado em Anthony Adamthwaite, *France and the Coming of the Second World War, 1936-1939* (Londres, 1977), p. 30; Kissinger, *Diplomacy*, p. 294.

O objetivo da conciliação era ganhar tempo e esperar que fosse possível satisfazer a Hitler. Mas essa estratégia foi desastrosa para a Inglaterra e para a França. Cada ano que se passava permitia que a Alemanha explorasse sua latente superioridade econômica e industrial e se rearmasse, chegando ao ponto em que as potências democráticas européias foram incapazes de deter ou derrotar Hitler quando ele finalmente atacou. Em 1940, o ministro da propaganda nazista, Joseph Goebbels, analisava com certo espanto as duas décadas anteriores da diplomacia européia.

Em 1933, o primeiro-ministro da França devia ter dito (e, se eu tivesse sido o primeiro-ministro da França, também o teria dito): "O novo chanceler do Reich é o homem que escreveu *Mein Kampf*, que diz isso e aquilo. Não podemos tolerar esse homem nas proximidades. Se ele não desaparecer, vamos marchar!" Mas ninguém o fez. Deixaram-nos derrapar sozinhos na zona de risco, e conseguimos navegar ao redor de todos os recifes perigosos. E quando terminamos, e estávamos bem-armados, melhor que eles, eles iniciaram a guerra!"[13]

As complicadas argumentações conciliatórias poderiam ter sido mais válidas, imagina-se, se aplicadas a outro homem, em outro país, em outras circunstâncias – por exemplo, ao líder alemão da década de 1920, Gustav Stresemann. Foram mal-aplicadas a Hitler e à Alemanha na década de 1930. Naquela época, porém, a estratégia de conciliação fora, na verdade, produto da fraqueza, e não da análise.

Se a Primeira Guerra Mundial havia enfraquecido muito a

---

[13] Citado em Paul Johnson, *Modern Times: The World from the Twenties to the Eighties* (Nova York, 1983), p. 341.

Europa, a Segunda Guerra Mundial, que resultou desse fracasso da estratégia, e da diplomacia européias, praticamente destruiu a capacidade de potências mundiais das nações européias. Sua incapacidade pós-guerra de enviar forças suficientes ao exterior para manter os impérios coloniais na Ásia, na África e no Oriente Médio as obrigou a recuar em escala maciça após mais de cinco séculos de domínio imperial – talvez a mais significativa contenção de despesas de influência global na história da humanidade. Menos de uma década após o início da Guerra Fria, os europeus cederam aos Estados Unidos tanto as possessões coloniais quanto as responsabilidades estratégicas na Ásia e no Oriente Médio, às vezes voluntariamente, outras vezes sob pressão dos Estados Unidos, como no caso da crise de Suez.

No fim da Segunda Guerra Mundial, muitos americanos influentes esperavam que a Europa se reinstituísse como "terceira força" do mundo, forte o bastante para se impor à União Soviética e permitir que os Estados Unidos se retirassem da Europa. Franklin Roosevelt, Dean Acheson e outros observadores norte-americanos achavam que a Inglaterra carregaria o fardo de defender grande parte do mundo contra a União Soviética. Naqueles primeiros dias do pós-guerra, o presidente Harry Truman poderia até imaginar um mundo em que Londres e Moscou entrassem em competição pela influência, com os Estados Unidos no papel de "árbitro imparcial".[14] Porém o governo inglês deixou claro que não poderia dar continuidade ao apoio militar e econômico à Grécia e à Turquia, que fornecia desde o fim da guerra. Por volta de 1947, as autoridades inglesas perceberam que os Estados Unidos em breve "arrancariam a tocha da liderança mundial das nossas mãos

---

[14] John Lewis Gaddis, *The Long Peace* (Nova York, 1987), p. 55.

indiferentes".[15] A Europa dependia, então, dos Estados Unidos para sua própria segurança e para a segurança global. A França e a Inglaterra não gostavam nem da idéia de um bloco europeu independente, uma "terceira força", pois temiam que serviria de desculpa para que os americanos se retirassem da Europa. Ficariam mais uma vez sozinhos para enfrentar a Alemanha e, desde então, a União Soviética também. Segundo uma autoridade norte-americana, "o único e tênue elemento de confiança ao qual [a França] se agarra é o fato de que os contingentes norte-americanos, por mais fortes que sejam em número, estão entre eles e o Exército Vermelho".[16]

Do fim da Segunda Guerra Mundial e durante os cinqüenta anos seguintes, a Europa caiu num estado de dependência estratégica dos Estados Unidos. O alcance outrora global das potências européias não mais se estendia para além do continente. A única missão estratégica da Europa, embora essencial, durante a Guerra Fria era manter-se firme e defender o próprio território contra qualquer ofensiva soviética até a chegada dos norte-americanos. E os europeus sentiam-se constrangidos até mesmo para isso. A falta de disposição européia para gastar tanto com as forças armadas quanto as administrações americanas julgavam necessário era uma fonte de constante tensão transatlântica, desde a fundação da OTAN, passando pelo governo Kennedy, cuja doutrina de "reação inflexível" dependia de um aumento significativo das forças convencionais européias, até o governo Reagan, quando os parlamentares americanos exigiram que a Europa "também carregasse o fardo" da defesa em comum.

---

[15] Ibid.
[16] Citado em ibid., p. 65.

As circunstâncias da Guerra Fria, porém, talvez tenham gerado uma tensão inevitável entre os interesses dos Estados Unidos e da Europa. Os americanos preferiam, em geral, uma capacidade militar européia eficiente – sob o controle da OTAN, naturalmente – que fosse capaz de deter os exércitos soviéticos no solo europeu sem recorrer à guerra nuclear, e que os europeus, e não os americanos, sofressem o maior número de baixas. Não é de surpreender que muitos europeus tivessem outra opinião acerca da forma desejável de dissuasão. Contentavam-se com a dependência na proteção oferecida pelo guarda-chuva nuclear dos EUA, esperando que a segurança da Europa fosse preservada pelo equilíbrio do terror entre EUA-URSS e pela doutrina da destruição mutuamente garantida. Afinal de contas, nos primeiros anos da Guerra Fria, as economias européias eram fracas demais para acumular capacidade militar suficiente para a autodefesa. Porém, mesmo quando as economias européias se recuperaram em período posterior da Guerra Fria, os europeus não se interessaram muito por preencher a lacuna militar. A garantia nuclear americana privava os europeus de incentivo para gastar o tanto que seria necessário para lhes restabelecer o *status* de grande potência militar. Essa psicologia da dependência foi também a realidade inevitável da Guerra Fria e da era nuclear. A orgulhosa França gaullista poderia tentar escapar afastando-se da OTAN e criando sua própria força nuclear. Mas a *force de frappe* era pouco mais que simbolismo; não liberou a França nem a Europa da dependência estratégica dos Estados Unidos.

Se a relativa fraqueza da Europa parecia não ser problema nas relações transatlânticas durante a Guerra Fria, isso se devia, em parte, às circunstâncias geopolíticas sem igual daquele conflito. Embora acanhada pelos superpoderes presentes ao redor, a Europa enfraquecida funcionava, no entanto, como teatro estratégico central da luta mundial entre o comunismo e o capitalismo democrático, e isso, juntamente com os hábitos arraigados de liderança mundial, permitiu aos europeus manter a influência e o respeito internacionais em nível superior ao que sua mera capacidade militar teria permitido. A estratégia dos Estados Unidos na Guerra Fria foi montada ao redor da aliança transatlântica. Manter a unidade e a coesão do "Ocidente" era essencial. Naturalmente, isso elevava a importância da opinião européia nos assuntos globais e produzia, tanto nos europeus quanto nos norte-americanos, uma estimativa exagerada do poder europeu.

Essa percepção persistiu durante a década de 1990. Os conflitos dos Bálcãs naquela década obrigaram os Estados Unidos a continuar cuidando da Europa como prioridade estratégica. A aliança da OTAN parecia ter encontrado a nova missão pós-Guerra Fria de levar a paz àquela parte do continente ainda propensa aos conflitos étnicos que, embora em menor escala, parecia não diferir muito dos grandes conflitos do século. A ampliação da aliança da OTAN com o ingresso dos antigos membros do bloco soviético – a conclusão da vitória na Guerra Fria e a criação de uma Europa "integral e livre" – era outro projeto grandioso do Ocidente, que manteve a Europa na vanguarda do pensamento político e estratégico dos Estados Unidos.

E havia, então, a promessa precoce da "nova" Europa. Ao unir-se em um só grupo político e econômico – a realização histórica de Maastricht em 1992 –, muitos tinham a esperança de reconquistar a antiga grandeza da Europa em nova forma política. A "Europa" seria a próxima superpotência, não só econômica e política, mas também militar. Resolveria as crises do continente europeu, tais como os conflitos étnicos dos Bálcãs, e ressurgiria como protagonista global do primeiro escalão. Na década de 1990, os europeus ainda podiam afirmar com segurança que o poder de uma Europa unificada restabeleceria, finalmente, a "multipolaridade" global que fora destruída pela Guerra Fria e suas conseqüências. E a maioria dos americanos, com sensações ambíguas, concordou que o futuro era a Europa tornar-se uma superpotência. Samuel P. Huntington, da Universidade de Harvard, previu que a criação da União Européia seria "a etapa mais importante" de uma reação mundial contra a hegemonia dos Estados Unidos e produziria um século XXI "verdadeiramente multipolar".[17]

Se a Europa tivesse cumprido essa promessa durante a década de 1990, o mundo talvez fosse diferente hoje. Os Estados Unidos e a Europa talvez estivessem agora negociando os novos termos de uma relação fundamentada em algo próximo da igualdade de poderes, em vez de lutar com sua vasta disparidade. Talvez o produto do ajuste mútuo fosse benéfico para ambos os lados, com a Europa assumindo alguns dos ônus da segurança global e os Estados Unidos respeitando mais as aspirações e os interesses europeus conforme formulados em suas próprias políticas internacionais.

Mas a "nova" Europa não cumpriu essa promessa. Nos domínios econômico e político, a União Européia produziu milagres. Apesar das esperanças e dos temores dos céticos de ambos os lados do Atlântico, a Europa cumpriu a promessa da unidade. E a Europa unida despontou como potência econômica de primeira categoria, capaz de sair-se bem perante as economias dos Estados Unidos e da Ásia e negociar assuntos de comércio e finanças internacionais de igual para igual. Se o fim da Guerra Fria tivesse anunciado uma era em que o pode-

---

[17] Samuel P. Huntington, "The Lonely Superpower", *Foreign Affairs* 78 (março/abril 1999): 35-49.

rio econômico era mais importante que o poderio militar, conforme esperavam muitos, tanto na Europa quanto nos Estados Unidos, a União Européia teria alcançado uma posição à altura para dar forma à ordem mundial com tanta influência quanto os Estados Unidos. Mas o fim da Guerra Fria não reduziu a proeminência do poderio militar, e os europeus descobriram que o poder econômico não se traduzia, obrigatoriamente, em poder geopolítico e estratégico. Os Estados Unidos, que continuaram sendo um gigante econômico e militar, superava em muito a Europa no poder total que poderia levar ao cenário internacional.

De fato, a década de 1990 não presenciou a ascensão de uma superpotência européia, porém o declínio ainda maior da Europa rumo a uma relativa fraqueza militar em comparação com os Estados Unidos. O conflito dos Bálcãs no início da década revelou a incapacidade militar européia e sua desordem política; o conflito do Kosovo no fim da década expôs um abismo transatlântico em tecnologia militar e capacidade de travar guerras modernas, e essa situação só se agravaria nos anos seguintes. Fora da Europa, em fins da década de 1990, a disparidade era ainda mais óbvia, quando tornou-se patente que a capacidade e a disposição, individuais ou coletivas, das potências européias de projetar força decisiva nas regiões de conflito fora do continente era insignificante. Os europeus poderiam fornecer forças pacificadoras nos Bálcãs – de fato, acabaram fornecendo o grosso das forças na Bósnia, no Kosovo e na Macedônia – e mesmo no Afeganistão, e talvez algum dia no Iraque. Mas faltavam-lhe meios para levar e sustentar uma força de combate em território possivelmente hostil, mesmo na Europa. Na melhor das circunstâncias, o papel da Europa se limitou a completar as forças pacificadoras depois que os Estados Unidos haviam, praticamente sozinhos, executado as fases decisivas da missão militar e estabilizado a situação. Segundo alguns europeus, a verdadeira divisão de trabalho consistiu em os Estados Unidos "prepararem o jantar" e a Europa "lavar a louça".

A maior inclinação americana para recorrer à força militar nem sempre significou maior disposição de correr o risco de baixas. A disparidade em capacidade militar não tinha relação com a coragem relativa dos soldados americanos e europeus. Quando muito, o governo francês e o inglês, e mesmo o alemão, podiam às vezes se preocupar menos com os riscos para as tropas do que os presidentes dos Estados Unidos. Durante a crise dos Bálcãs, em meados da década de 1990, e mais tarde no Kosovo, o primeiro-ministro da Inglaterra, Tony Blair, estava mais disposto a enviar tropas terrestres contra a Sérvia do que o presidente Bill Clinton. Em alguns aspectos, porém, essa disparidade também se voltou contra os europeus. O desejo americano de evitar baixas e sua disposição de gastar muito em novas tecnologias militares proporcionou aos Estados Unidos uma capacidade militar que lhe dava precisão letal a grandes distâncias, com menos riscos para os contingentes. Os militares europeus, por outro lado, dispunham de menos avanços tecnológicos e dependiam mais de soldados lutando em pontos mais próximos. A conseqüência dessa lacuna tecnológica, que cresceu muito no decorrer da década de 1990 – quando as forças armadas dos Estados Unidos progrediram de maneira notável em munições teleguiadas de precisão, em operações de ataque conjunto, em comunicações e coleta de informações só tornou os americanos ainda mais dispostos a guerrear do que os europeus, a quem faltava a capacidade de lançar ataques devastadores a distâncias mais seguras e, por conseguinte, tinham de pagar um preço mais alto por qualquer investida.

Essas inadequações militares européias, comparadas ao

poder dos Estados Unidos, não deveriam ter sido surpresa, já que essas eram as características das forças européias durante a Guerra Fria. O desafio estratégico da Guerra Fria e a doutrina de contenção, que exigia, nas famosas palavras de George Kennan, "contraforça hábil e vigilante em uma série de pontos políticos e geográficos em constante mudança" levara os Estados Unidos a acumular uma força militar capaz de projetar seu poder de imediato em regiões distantes.[18] O papel estratégico da Europa fora completamente diferente: defender-se e resistir aos ataques violentos das forças soviéticas, e não projetar poder.[19] Para a maioria das potências européias, isso exigia manter grandes forças terrestres para bloquear rotas de invasão soviética em seu próprio território, e não forças móveis aptas a envio para regiões distantes. Os americanos e os europeus que propuseram, após a Guerra Fria, que a Europa expandisse seu papel estratégico para além do continente estavam pedindo uma mudança revolucionária na estratégia e na capacidade européias. Era irreal esperar que os europeus voltassem ao *status* de grande potência internacional que gozavam antes da Segunda Guerra Mundial, a não ser que os povos europeus estivessem dispostos a desviar recursos importantes dos programas sociais para os militares, a fim de reestruturar e modernizar suas forças armadas para trocar as forças destinadas à defesa territorial passiva por forças capazes de ser despachadas e sustentadas longe do país.

É claro que os eleitores europeus não estavam dispostos a

---

[18] X [George F. Kennan], "The Sources of Soviet Conduct", *Foreign Affairs*, julho de 1947, reimpresso em James F. Hoge Jr. e Fareed Zakaria, orgs., *The American Encounter: The United States and the Making of the Modern World* (Nova York, 1997), p.165.

[19] O Reino Unido e a França tinham a maior capacidade de projetar forças no exterior, mas sua capacidade era muito menor do que a dos Estados Unidos.

alterar as prioridades de maneira tão revolucionária. Além de não estarem dispostos a pagar para enviar forças para fora da Europa, depois da Guerra Fria, não queriam pagar por forças suficientes para realizar até mesmo atividades militares mínimas no próprio continente sem ajuda dos Estados Unidos. Nem parecia importar se o que se pedia aos povos europeus era gastar dinheiro para fortalecer a OTAN ou uma política independente européia de defesa e de relações internacionais. Sua resposta era a mesma. Em vez de encarar o desmoronamento da União Soviética como oportunidade de expandir a esfera estratégica da Europa, os europeus o interpretaram como oportunidade de lucrar com os consideráveis dividendos da paz. Na opinião da Europa, a queda da União Soviética, além de eliminar um adversário estratégico, também eliminou a necessidade de geopolítica. Muitos europeus interpretaram o fim da Guerra Fria como férias para a estratégia. Apesar das conversas no sentido de tornar a Europa uma superpotência global, por conseguinte, a média dos orçamentos europeus de defesa caiu, pouco a pouco, para menos de dois por cento do PIB e, durante toda a década de 1990, as capacidades militares européias foram caindo para cada vez mais em relação às dos Estados Unidos.

O fim da Guerra Fria teve conseqüência distinta do outro lado do Atlântico. Embora os norte-americanos também quisessem dividendos da paz, e os orçamentos da defesa tenham caído ou permanecido estáveis durante a maior parte da década de 1990, os gastos com a defesa continuaram superiores a três por cento do PIB. Imediatamente após a queda do império soviético, o Iraque invadiu o Kuwait e os Estados Unidos realizaram a maior missão militar dos últimos 25 anos – os Estados Unidos destacaram mais de meio milhão de soldados para a região do Golfo Pérsico. Desde então, as administrações americanas cortaram as forças da Guerra Fria, mas não com tanta intensidade quanto se poderia esperar. Na verdade, as administrações sucessivas não encaravam o fim da Guerra Fria como férias para a estratégia. Da primeira administração Bush ao fim dos mandatos de Clinton, a estratégia dos Estados Unidos e o planejamento de forças continuou a fundamentar-se na premissa de que os Estados Unidos talvez tivessem de travar e vencer guerras em diversas regiões do mundo quase simultaneamente. Esse padrão de guerra dupla, muitas vezes questionado, jamais foi abandonado pelos líderes militares e civis, que acreditavam que os Estados Unidos tinham de estar preparados para travar guerras na Península da Coréia e no Golfo Pérsico. O fato de que os Estados Unidos poderiam até pensar em manter tal capacidade os afastou muito dos aliados europeus que, sozinhos, não tinham capacidade de lutar nem em uma guerra pequena perto do próprio país, muito menos duas grandes guerras a milhares de quilômetros de distância. Segundo os padrões históricos, o poderio militar americano, em especial sua capacidade de projetar esse poder para todos os cantos do mundo, permaneceu sem precedentes.

Entrementes, o próprio fato da queda do império soviético aumentou muito a força dos Estados Unidos com relação ao resto do mundo. O considerável arsenal norte-americano, que antes mal bastava para o equilíbrio com o poder soviético, estavam na ativa sem um único adversário terrível. Esse "momento unipolar" surtiu uma conseqüência bem natural e previsível: aumentou a disposição dos Estados Unidos de empregar a força no exterior. Já sem o obstáculo do poderio soviético, os Estados Unidos estavam livres para intervir em praticamente onde e quando escolhesse – fato expresso na proliferação de intervenções militares internacionais, que começaram durante a primeira administração Bush com a invasão do Panamá em 1989, a Guerra do Golfo em 1991 e a intervenção humanitária na Somália em 1992, e continuou durante os anos do governo de Bill Clinton, com intervenções no Haiti, na Bósnia e no Kosovo. Embora muitos políticos americanos falassem em se retirar do mundo, a realidade era que os Estados Unidos intervinham no exterior com mais freqüência do que durante a maior parte da Guerra Fria. Graças às novas tecnologias, os Estados Unidos também estavam livres para usar a força no mundo inteiro de maneiras mais limitadas, por intermédio de ataques aéreos e com mísseis, o que passou a fazer com freqüência cada vez maior. O fim da Guerra Fria, portanto, expandiu um abismo já imenso entre o poder europeu e o americano.

AS PSICOLOGIAS DO
PODER E DA FRAQUEZA

Como poderia essa disparidade cada vez maior no poder deixar de criar uma lacuna, também cada vez maior, nas percepções e na "cultura" estratégica? Os poderes mais fortes naturalmente encaram o mundo de maneira diferente dos poderes mais fracos. Avaliam de outra maneira os riscos e as ameaças, têm outra definição de segurança, e toleram a insegurança em níveis diversos. Os que têm grande poderio militar têm mais probabilidade de considerar a força um instrumento mais útil para as relações internacionais do que aqueles que têm menos poderio militar. Os mais fortes podem, de fato, aplicar mais a força do que deveriam. Certo crítico inglês de inclinação americana para o recurso às forças armadas recorda a máxima: "Para quem tem martelo, todos os problemas começam a parecer pregos." É verdade. Mas os países que não contam com grande poderio militar encaram o risco oposto: quem não tem martelo não quer que nada se pareça com prego. As perspectivas e as psicologias do poder e da fraqueza explicam muito, embora nem tudo, do que hoje afasta os Estados Unidos e a Europa. O problema não é novo. Durante a Guerra Fria, o predomínio das forças armadas dos Estados Unidos e a relativa fraqueza da Europa produziram discordâncias importantes e, não raro, graves, no tocante à corrida armamentista EUA-URSS e às intervenções americanas no Terceiro Mundo. O gaullismo, a *Ostpolitik* e os diversos movimentos pela independência e pela unidade da Europa não eram apenas manifestações do desejo europeu de honra e liberdade de ação. Também expressavam a convicção européia de que o método norte-americano de lidar com a Guerra Fria era por demais temperamental, militarista e perigoso. Após os primeiros anos da Guerra Fria, quando Churchill e outros às vezes achavam que os Estados Unidos eram gentis demais no trato com Stalin, os Estados Unidos, em geral, promoviam formas mais duras de contenção, e eram os europeus que resistiam. Os europeus achavam que sabiam como lidar com os soviéticos: por intermédio de entrosamento e sedução, laços comerciais e políticos, paciência e clemência. Era uma opinião legítima, às vezes compartilhada por muitos americanos, em especial durante e após a Guerra do Vietnã, quando os líderes norte-americanos acreditavam que também estavam em posição de fraqueza. Mas a insistente discordância européia da estratégia americana na Guerra Fria expressava a fundamental e duradoura fraqueza da Europa com relação aos Estados Unidos: a Europa simplesmente tinha menos opções militares à disposição e era mais vulnerável à poderosa União Soviética. A estratégia americana talvez também tenha expressado a recordação européia da guerra continental. Os norte-americanos, quando não estavam empenhados nas sutilezas da distensão, encaravam a estratégia européia como uma nova forma de conciliação, um retorno à mentalidade receosa da década de 1930. Os europeus a consideravam uma política de requinte, uma possível fuga do que encaravam como método excessivamente temperamental de Washington de lidar com a Guerra Fria. Durante a Guerra Fria, porém, essas discordâncias eram mais táticas que filosóficas. Não eram discussões sobre os fins do poder, pois ambos os lados do Atlântico confiavam claramente em seu poderio militar associado para conter qualquer ataque soviético, por mais remotas que parecessem as probabilidades de tal ataque. O fim da Guerra Fria, que tanto ampliou a lacuna entre poderes quanto eliminou o inimigo soviético em comum, além de exacerbar a diferença em perspectivas estratégicas, também alterou a natureza da discussão.

Durante grande parte da década de 1990, estrategistas e analistas de ambos os lados do Atlântico afirmavam com veemência que os norte-americanos e os europeus concordavam quase totalmente no tocante à natureza dessas ameaças com relação à paz e à ordem mundial. Sua discordância estava na questão de como reagir. Essa análise otimista desprezava a separação cada vez maior. Na década passada, aumentavam as discordâncias substanciais entre os Estados Unidos e seus aliados europeus com relação ao que constitui ameaça intolerável à segurança internacional e à ordem mundial, conforme vem demonstrando abundantemente o caso do Iraque. E essas discordâncias expressam, sobretudo, a disparidade entre os poderes. Uma das maiores discordâncias transatlânticas desde a Guerra Fria é decidir acerca de qual das "novas" ameaças merece mais atenção. As administrações norte-americanas dão mais ênfase aos supostos Estados delinqüentes e ao que o pre-

sidente George W. Bush chamou há um ano de "eixo do mal". A maioria dos europeus têm uma perspectiva mais tranqüila no tocante aos riscos que esses países representam. Conforme uma autoridade francesa me disse: "O problema são 'Estados falidos', e não 'Estados delinqüentes'."
Por que os norte-americanos e os europeus devem encarar de maneiras diferentes as mesmas ameaças? Os europeus costumam argumentar que os americanos fazem exigências irracionais de segurança "perfeita", o que é produto dos séculos que o país passou protegido entre dois oceanos.[20] Os europeus afirmam que sabem o que é viver em perigo, existir lado a lado com o mal, já que o fizeram durante séculos – donde sua maior tolerância com ameaças como as que talvez imponham o Iraque de Saddam Hussein, o Irã dos aiatolás, ou a Coréia do Norte. Os americanos, segundo eles, exageram demais os riscos que esses países representam.
Porém, essa explicação cultural vale menos do que parece. Os Estados Unidos, em seus primórdios, viviam em circunstância de insegurança substancial, cercados por impérios europeus hostis no continente norte-americano, sob o constante risco de serem dilacerados pelas forças centrífugas incentivadas pelas ameaças externas: a insegurança nacional constituiu o núcleo do discurso de despedida de George Washington. No tocante à suposta tolerância européia com relação à insegurança e ao mal, é possível que haja exagero. Durante grande parte de três séculos, os católicos e os protestantes europeus preferiam matar a tolerar uns aos outros; e os dois séculos passados também não apresentaram muito mais tolerância mútua entre a França e a Alemanha. Alguns europeus afirmam que, precisamente por ter

---

[20] Sobre essa questão, também é a opinião que em geral se encontra nos livros didáticos norte-americanos.

sofrido tanto, a Europa é mais tolerante com o sofrimento do que os Estados Unidos e, por conseguinte, mais tolerante com ameaças. O mais provável é que a verdade seja o oposto. A recordação da Primeira Guerra Mundial tornou o povo inglês e o francês mais temerosos da Alemanha nazista, e não mais tolerante, e esse comportamento contribuiu de maneira significativa para a estratégia de conciliação da década de 1930. Uma explicação melhor da maior tolerância atual da Europa com as ameaças é a sua relativa fraqueza. As psicologias distintas do poder e da fraqueza são bem fáceis de se compreender. O homem que só conta com uma faca pode resolver que o urso que ronda pela floresta é um perigo tolerável, já que a alternativa – caçar o urso armado com apenas uma faca – é, de fato, mais arriscada do que esconder-se e esperar que o urso jamais ataque. É provável que, armado com um fuzil, porém, o mesmo homem faça um cálculo diferente do que constitui risco tolerável. Por que correr o risco de ser atacado e morrer, se não precisa fazê-lo? Essa psicologia humana perfeitamente normal abriu uma fenda entre os Estados Unidos e a Europa. A grande maioria dos europeus sempre acreditou que a ameaça imposta por Saddam Hussein era mais tolerável do que o risco de eliminá-lo. Mas os americanos, por serem mais fortes, adotaram um limiar mais baixo de tolerância com Saddam e suas armas de destruição em massa, principalmente depois do 11 de setembro. Ambas as avaliações fazem sentido, dadas as perspectivas divergentes de Estados Unidos mais fortes e Europa mais fraca. Os europeus preferem dizer que os Estados Unidos estão obcecados com a solução de problemas, mas, em geral, é verdade que aqueles que têm maior capacidade de resolver problemas têm mais probabilidade de tentar resolvê-los do que aqueles que não têm tal capacidade. Os americanos poderiam imaginar uma invasão do Iraque bem-sucedida, a queda de

Saddam e, portanto, em fins de 2002, mais de 70 por cento dos americanos estavam favoráveis a tal invasão. Como não seria de surpreender, os europeus achavam essa perspectiva tanto inimaginável quanto assustadora. A incapacidade de reagir a ameaças não leva apenas à tolerância. Também pode levar à denegação. É normal tentar tirar da cabeça aquilo a respeito do qual nada se pode fazer. Segundo um dos estudiosos das opiniões européias, até a própria concentração nas "ameaças" diferencia os estrategistas norte-americanos de seus equivalentes europeus. Os americanos, escreve Steven Everts, falam de "ameaças" estrangeiras como "a proliferação de armas de destruição em massa, terrorismo e 'Estados delinqüentes'". Mas os europeus se preocupam com "questões" como "os conflitos étnicos, a migração, o crime organizado, a pobreza e a degradação ambiental". Segundo Everts, a principal diferença é menos questão de cultura e filosofia do que de capacidade. Os europeus "preocupam-se mais com problemas... que têm mais probabilidades de serem resolvidos pelo entrosamento político e grandes quantias em dinheiro".[21] Em outras palavras, os europeus se concentram em problemas – "questões" – quando entram em jogo os pontos fortes da Europa, mas não com as "ameaças" em que a fraqueza da Europa torna ilusórias as soluções. Se a cultura estratégica da Europa nos dias de hoje atribui menos valor à força bruta e à força militar, e mais valor a instrumentos mais brandos de poder, como a economia e o comércio, não será, em parte, porque a Europa é fraca em forças armadas e forte na economia? Os norte-americanos reconhecem mais

---

[21] Steven Everts, "Unilateral America, Lightweight Europe? Managing Divergence in Transatlantic Foreign Policy", trabalho acadêmico, Centre for European Reform, fevereiro de 2001.

rapidamente a existência de ameaças, chegando a percebê-las onde outros talvez não percebam nenhuma, pois conseguem imaginar meios de enfrentar tais ameaças.

No entanto, as percepções divergentes das ameaças nos Estados Unidos e na Europa não são apenas questões de psicologia. Também se fundamentam numa realidade prática, que é mais um produto da disparidade entre os poderes e da estrutura da atual ordem internacional. Embora o Iraque e outros Estados delinqüentes representem ameaça para a Europa, não representam objetivamente o mesmo nível de ameaça para os europeus do que representam para os Estados Unidos. Existe, em primeiro lugar, a garantia de segurança oferecida pelos Estados Unidos de que os europeus desfrutam e vêm desfrutando há seis décadas, desde que os Estados Unidos assumiram o ônus de manter a ordem em regiões distantes – do Sudeste da Ásia ao Oriente Médio – de onde as forças européias se retiraram quase completamente. Em geral, admitissem ou não, os europeus acreditavam que, sempre que o Iraque ou algum outro Estado delinqüente se apresentasse como perigo real e atual, ao contrário de mero risco em potencial, os Estados Unidos tomariam alguma providência. Se durante a Guerra Fria a Europa, por necessidade, fez importante contribuição para a própria defesa, depois do fim da Guerra Fria os europeus gozaram de uma "segurança livre" sem paralelos, pois a maioria das prováveis ameaças emanam de regiões fora da Europa, onde só os Estados Unidos podem projetar força eficaz. Em sentido bem prático – isto é, quando se trata de real planejamento estratégico – o Iraque, a Coréia do Norte, o Irã, ou qualquer outro Estado delinqüente do mundo não têm sido problema primordial da Europa. Nem, decerto, a China. Tanto europeus quanto americanos concordam que são problemas primordialmente dos Estados Unidos.

É por isso que Saddam Hussein jamais foi percebido na Europa como a mesma ameaça que é para os Estados Unidos.

DO PARAÍSO E DO PODER 37

A conseqüência lógica da disparidade transatlântica de poderes tem sido que a tarefa de deter Saddam Hussein sempre pertenceu primordialmente aos Estados Unidos, e não à Europa, e todos concordam com isso[22] – inclusive Saddam, sendo por isso que ele sempre considerou os Estados Unidos, e não a Europa, seu principal adversário. No Golfo Pérsico, o Oriente Médio, e a maioria das outras regiões do mundo (Europa inclusive), os Estados Unidos desempenham o papel do executor supremo. "Vocês são tão poderosos", dizem os europeus com freqüência aos americanos. "Por que, então, se sentem ameaçados?" Mas é precisamente o grande poder dos Estados Unidos e sua disposição de assumir a responsabilidade de proteger as outras nações que o tornam alvo principal, e quase sempre o único alvo. A maioria dos europeus estão compreensivelmente satisfeitos com isso.

Uma pesquisa de opinião realizada na Europa e nos Estados Unidos em meados de 2002 revelou esse abismo transatlântico nas percepções de ameaça. Embora amplamente divulgada como demonstração de concordância aproximada entre norte-americanos e europeus, os resultados indicaram muito mais norte-americanos do que europeus preocupados com a ameaça não só do Iraque, do Irã e da Coréia do Norte, mas também da China, da Rússia, do confronto indo-paquistanês e até com o conflito entre Israel e os Estados Árabes – em quase todos esses problemas, foi significativamente maior o número de americanos que expressaram preocupação.[23] Mas por que estes deveriam, "protegidos por dois oceanos", preocupar-se mais com uma conflagração no subcontinente asiáti-

---

[22] Não obstante a considerável contribuição inglesa às operações militares no Iraque.
[23] A pesquisa, patrocinada pelo Marshall Fund alemão e pelo Chicago Council on Foreign Relations, foi realizada entre 1º de junho e 6 de julho de 2002.

co, no Oriente Médio ou na Rússia do que os europeus, que vivem tão mais próximos? A resposta é que os americanos sabem que, quando irrompe uma crise internacional, seja no Estreito de Taiwan ou na Caxemira, é provável que sejam os primeiros a se envolver. Os europeus também sabem disso. As pesquisas que revelam preocupação maior dos norte-americanos do que dos europeus com relação à natureza das ameaças à segurança mundial e dos europeus acerca do aquecimento global demonstra que ambos os povos têm noção apuradíssima dos papéis bem distintos de suas nações. Os europeus adoram dizer que os americanos são "cowboys". E existe veracidade nisso. Os Estados Unidos comportam-se mesmo como um xerife internacional, talvez autonomeado, porém muito bem-recebido, na tentativa de impor um pouco de paz e justiça ao que os norte-americanos consideram um mundo sem lei, onde é preciso conter ou destruir os bandidos, quase a bala. A Europa, segundo essa analogia do Velho Oeste, assemelha-se mais a um dono de *saloon*. Os bandidos matam os xerifes, mas não os donos de *saloon*. Na verdade, da perspectiva do dono de *saloon*, pode ser que o xerife que tenta impor a ordem à força seja mais perigoso que os bandidos, que, pelo menos por enquanto, podem estar apenas querendo beber.

Quando lhes pediram que identificassem quais "possíveis ameaças aos interesses essenciais" eram "importantíssimas", 91 por cento dos americanos citaram o "terrorismo internacional", contra 65 por cento dos europeus. No assunto "Iraque fabricando armas de destruição em massa", a diferença foi de 28 pontos percentuais, com 86 por cento dos americanos tendo identificado o Iraque como ameaça "importantíssima", em comparação com 58 por cento dos europeus. No tocante ao "fundamentalismo islâmico", 61-49; sobre "conflito militar entre Israel e os vizinhos árabes", 67-43; sobre "tensões entre a Índia e o Paquistão, 54-32; sobre "transformação da China em potência mundial", 56-19; sobre "tumulto político na Rússia, 27-15.

Quando os europeus foram às ruas aos milhões depois do 11 de setembro, a maioria dos americanos acreditaram ser ato decorrente da noção de perigo e interesses em comum: os europeus sabiam que poderiam ser os próximos. Mas os europeus, em sua maioria, não pensavam assim. Jamais acreditaram que seriam os próximos. Poderiam ser alvos secundários – por serem aliados dos Estados Unidos – mas não são o alvo principal, pois não desempenham mais um papel imperial no Oriente Médio que possa ter engendrado o mesmo antagonismo que se volta contra os Estados Unidos. Quando os europeus prantearam e acenaram bandeiras dos Estados Unidos após o 11 de setembro, foi uma demonstração de pura solidariedade humana. Foi uma expressão de tristeza e afeto pelos americanos. Bem ou mal, as demonstrações européias de solidariedade foram mais produto de camaradagem do que de cálculos minuciosos em interesse próprio. A solidariedade sincera dos europeus, sem a companhia de uma noção de riscos compartilhados e de responsabilidade em comum, não uniu os europeus e os americanos em uma parceria estratégica. Pelo contrário, assim que os americanos começaram a enxergar, para além da tarefa imediata de procurar e eliminar Osama bin Laden e a Al Qaeda, as metas estratégicas da "guerra contra o terrorismo", os europeus recuaram.

As percepções divergentes das ameaças e de como resolvê-las são, em certos aspectos, apenas uma manifestação superficial de diferenças mais fundamentais na mundividência dos Estados Unidos fortes e de uma Europa relativamente mais fraca. Não se trata apenas de europeus e norte-americanos não terem a mesma opinião com relação a como resolver um problema específico como o do Iraque. Não compartilham a mesma perspectiva ampla de como se deveria governar o mundo, sobre o papel das instituições internacionais e do direito internacional, sobre o equilíbrio adequado entre o uso da força e o uso da diplomacia nos assuntos internacionais. Parte dessa diferença tem relação com o abismo entre poderes. A relativa fraqueza da Europa produziu, o que é compreensível, um forte interesse europeu pela construção de um mundo onde a força militar e a força bruta importem menos do que o poder econômico e as influências culturais, uma ordem internacional em que o direito internacional e as instituições internacionais importem mais que o poder de cada país isolado, onde seja proibida a ação unilateral de Estados poderosos, onde todas as nações, seja qual for sua força, tenham direitos iguais e estejam igualmente protegidas por leis internacionais de comportamento sobre as quais haja consenso. Por serem relativamente fracos, os europeus têm grande interesse pela desvalorização e, por fim, erradicação das leis brutais de um mundo hobbesiano anárquico, no qual o poder é determinante supremo da segurança nacional e do êxito.

Isso não é censura. É o que as potências mais fracas sempre quiseram, desde tempos imemoriais. Era o que os norte-americanos queriam durante o século XVIII e o início do século XIX, quando a brutalidade do sistema europeu da *Machtpolitik* administrada pelos gigantes globais da França, da Inglaterra e da Rússia deixavam-nos constantemente vulneráveis ao espancamento imperial. Era o que as outras potências menores da Europa também queriam naquela época, mas eram alvo do sarcasmo dos reis de Bourbon e de outros monarcas poderosos, que, pelo contrário, falavam em *raison d'état*. O grande proponente do direito internacional nos altos mares do século XVIII eram os Estados Unidos; a grande oponente era a Marinha da Inglaterra, a "senhora dos mares". Num mundo anárquico, as pequenas potências sempre receiam que serão vítimas. As grandes potências, por outro lado, costumam temer leis que possam constrangê-los mais do que provocar anarquia. Num mundo anárquico, dependem do próprio poder para garantir segurança e prosperidade.

Essa discordância natural e histórica entre os mais fortes e os mais fracos se manifesta na discussão transatlântica atual sobre a questão do unilateralismo. Os europeus em geral acreditam que sua objeção ao unilateralismo americano é prova de seu maior compromisso com os princípios da ordem mundial. E é verdade que seu comprometimento com esses ideais, embora não seja absoluto, é maior do que a da maioria dos americanos. Os europeus, porém, estão menos dispostos a reconhecer outra verdade: que sua hostilidade ao unilateralismo também é defesa de interesses próprios. Já que os europeus não têm capacidade de realizar operações militares, tanto individual quanto coletivamente representando a "Europa", é natural que não queiram permitir que outros façam o que não podem fazer. Na opinião dos europeus, recorrer ao multilateralismo e ao direito internacional produz compensações práticas e poucas despesas.

Não se pode dizer o mesmo dos Estados Unidos. As pesquisas sempre demonstram que os americanos apóiam as operações multilaterais em princípio. Apóiam até operar sob a rubrica da ONU, que, afinal, foi criada pelos Estados Unidos. Mas permanece o fato de que os Estados Unidos podem agir de maneira unilateral e já o fez muitas vezes com razoável êxito. A fácil afirmação de que os Estados Unidos não podem "agir sozinhos" é mais uma trivialidade esperançosa do que uma descrição da realidade. Os americanos decerto preferem agir junto com outros, e as suas operações têm mais probabilidades de êxito se os Estados Unidos tiverem aliados. Porém, se fosse mesmo verdade que os Estados Unidos não podem agir unilateralmente, não haveria esse grande debate transatlântico sobre o unilateralismo norte-americano. O problema de hoje, caso seja problema, é que os Estados Unidos *podem* "agir sozinhos", e não é de surpreender que a superpotência americana deseje preservar sua capacidade de fazê-lo. A lógica geopolítica dita que os Estados Unidos tenham menos interesses prementes do que a Europa na promoção do multilateralismo como princípio universal para reger o comportamento das nações. Se a operação unilateral é uma coisa boa ou ruim, objetivamente os Estados Unidos têm mais a perder com o banditismo do que qualquer outra potência do atual mundo unipolar.

Na verdade, para que os americanos compactuassem com a opinião européia acerca das virtudes do multilateralismo, teriam de dedicar-se ainda mais aos ideais e aos princípios de uma ordem jurídica internacional do que os europeus. Na opinião destes últimos, os ideais e os interesses convergem num mundo governado segundo o princípio do multilateralismo. Para os americanos, não convergem tanto.

Também é compreensível que os europeus receiem o uniteralismo americano e procurem restringi-lo da melhor maneira possível por intermédio de instituições como a ONU. Quem não pode operar unilateralmente quer ter um mecanismo para controlar os que podem. Da perspectiva européia, os Estados Unidos podem ser uma potência hegemônica relativamente benigna, mas, à medida que seus atos retardam a chegada de uma ordem mundial mais propícia à segurança de potências mais fracas, são objetivamente perigosos. Esse é um dos motivos pelos quais, em anos recentes, um dos principais objetivos da política internacional da Europa se tornou, segundo um observador europeu, a "multilateralização" dos Estados Unidos.[24] É por isso que os europeus insistem em que os

---

[24] Everts, "Unilateral America, Lightweight Europe?"

Estados Unidos só devem agir com a aprovação do Conselho de Segurança da ONU. O Conselho de Segurança é a fraca aproximação de uma genuína ordem multilateral, pois foi criado pelos Estados Unidos para conceder às cinco "grandes potências" da era pós-guerra a autoridade exclusiva de decidir o que era e o que não era ato internacional legítimo. Hoje o Conselho de Segurança só contém uma "grande potência", os Estados Unidos, não obstante é o único local onde um país mais fraco como a França tem, pelo menos, o poder teórico de controlar as atividades americanas, caso seja possível convencer os Estados Unidos a se apresentarem perante o Conselho e submeter-se a suas decisões. Para os europeus, o Conselho de Segurança é o substituto do poder que lhes falta.

De fato, apesar das previsões de Huntington e de muitos teóricos realistas, os europeus não procuraram conter o poder em ascensão do colosso americano por meio da criação de um poder próprio para contrabalançar. Está claro que não consideram nem os Estados Unidos unilateralistas ameaça suficiente para fazê-los aumentar os gastos com a defesa para deter esse país. Nem estão dispostos a arriscar seu vasto comércio com os Estados Unidos com a tentativa de impor seu poder econômico contra a potência hegemônica. Tampouco desejam aliar-se à China, que está disposta a investir dinheiro na defesa para contrabalançar os Estados Unidos. Os europeus, pelo contrário, esperam deter o poder americano sem impor poder próprio. No que talvez seja uma façanha suprema de sutileza e dissimulação, querem controlar o monstro apelando à sua consciência.

É estratégia sadia, até o ponto em que consegue chegar. Os Estados Unidos são um monstro com consciência. Não se trata da França de Luís XIV ou da Inglaterra de George III. Os americanos não argumentam, nem para si mesmos, que possam justificar seus atos com a *raison d'état*. Não afirmam o direito do mais forte nem afirmam com veemência perante o resto do mundo, como fizeram os atenienses na Ilha de Melos, que "os fortes governam onde podem e os fracos sofrem o que devem". Os Estados Unidos jamais concordaram com os princípios da velha ordem européia nem adotaram a perspectiva maquiavélica. É uma sociedade liberal, progressista em todos os aspectos; até o ponto em que os cidadãos crêem no poder, acreditam que deve ser um meio de promover os princípios de uma civilização liberal e de uma ordem mundial liberal. Os americanos chegam a concordar com as aspirações européias de um sistema mundial mais ordeiro, não fundamentado no poder, mas nas leis – afinal, estavam lutando por tal mundo enquanto os europeus ainda enalteciam a *Machtpolitik*. Porém, embora essas idéias e aspirações em comum dêem forma às políticas internacionais de ambos os lados do Atlântico, não podem negar completamente as perspectivas bem diferentes a partir das quais os europeus e os americanos vêem o mundo e o papel do poder nos assuntos internacionais.

HIPERPOTÊNCIA

As atuais tensões transatlânticas não começaram com a posse de George W. Bush em janeiro de 2001, nem depois do 11 de setembro. Embora as mãos desajeitadas da administração Bush em seus primeiros meses tenha decerto traçado uma linha mais nítida entre as perspectivas divergentes da Europa e dos Estados Unidos sobre as questões do governo internacional, e embora os ataques de 11 de setembro tenham lançado a mais clara luz sobre o golfo transatlântico em percepções estratégicas, essas divisões já eram evidentes durante o governo de Bill

Clinton e mesmo durante a primeira administração Bush. Já em 1992, foram abundantes as recriminações mútuas com relação à Bósnia. A primeira administração Bush recusou-se a agir, pois acreditava que tinha obrigações estratégicas mais importantes em outros lugares. Os europeus declararam que agiriam – era, afirmavam com veemência, "a hora da Europa" – mas a declaração caiu no vácuo quando ficou claro que a Europa não poderia agir nem na Bósnia sem os Estados Unidos. Quando a França e a Alemanha deram os primeiros passos para criar algo semelhante a uma força independente européia de defesa, a administração Bush franziu as sobrancelhas. Do ponto de vista europeu, era o pior de ambos os mundos. Os Estados Unidos estavam perdendo o interesse pela preservação da segurança européia, mas, ao mesmo tempo, eram hostis às aspirações européias de assumirem a tarefa.[25] Os europeus reclamavam da perfídia americana, e os americanos reclamavam da fraqueza e da ingratidão européias.

Hoje muitos europeus consideram os anos da administração Clinton uma época de harmonia transatlântica, mas foi durante esses anos que os europeus começaram a reclamar do poder e da arrogância dos Estados Unidos no mundo pós-Guerra Fria. Foi durante os anos do governo Clinton que o ministro das Relações Exteriores da França, Hubert Védrine, criou o termo *hyperpuissance* (hiperpotência) para definir o monstro norte-americano, preocupante demais para ser designado apenas superpotência. E foi durante a década de 1990 que os europeus começaram a ver os Estados Unidos como um "valentão hegemônico". Tais queixas dirigiam-se em especial à Secretária de Estado Madeleine Albright, que certo crítico

---

[25] Charles Grant, "European Defence Post-Kosovo?", trabalho acadêmico, Centre for European Reform, junho de 1999, p. 2.

americano descreveu, de maneira um tanto hiperbólica, como "primeira Secretária de Estado da história dos Estados Unidos cuja especialidade diplomática... é repreender outros governos, empregar linguagem ameaçadora e ostentar de maneira insípida o poder e as virtudes do próprio país".[26] Ainda na década de 1990, a questão com relação à qual as políticas americanas e européias começaram a divergir de maneira mais perceptível foi a do Iraque. Os europeus ficaram horrorizados quando Albright e outras autoridades começaram, em 1997, a insinuar que não seria possível suspender as sanções econômicas impostas ao Iraque após a Guerra do Golfo enquanto Saddam Hussein permanecesse no poder. Acreditavam, à maneira européia clássica, que era preciso incentivar o bom comportamento do Iraque, em vez de ameaçá-lo, ao estilo americano clássico, com mais coerções econômicas ou militares. A divergência cada vez maior entre os Estados Unidos e seus aliados no tocante à questão do Iraque chegou a público em fins de 1997, quando a administração Clinton tentou aumentar a pressão sobre Bagdá para que colaborasse com os inspetores de armamentos da ONU, e a França uniu-se à Rússia e à China no bloqueio às propostas americanas no Conselho de Segurança da ONU. Quando finalmente recorreu ao uso da força militar e bombardeou o Iraque em dezembro de 1998, a administração Clinton o fez sem autorização do Conselho de Segurança da ONU e apenas com a Inglaterra ao seu lado. Em seus últimos meses, a administração Clinton continuava a acreditar que o "Iraque, no governo de Saddam Hussein, continua perigoso, intransigente, insurgente

---

[26] O comentário foi do ex-conselheiro do Departamento de Estado Charles Maechling Jr., citado em Thomas W. Lippman, *Madeleine Albright and the New American Diplomacy* (Boulder, CO, 2000), p.165.

e isolado". Jamais "seria capaz de se reabilitar ou reintegrar na comunidade da nações" com Saddam no poder.[27] Essa não era a opinião da França nem do resto da Europa. A reabilitação e a reintegração do Iraque de Saddam Hussein eram exatamente o que desejavam. Também foi na década de 1990 que surgiram pela primeira vez, algumas das polêmicas que produziriam tempestades transatlânticas durante a segunda administração Bush. Clinton deu os primeiros passos rumo à criação de um novo sistema de defesa antimísseis, projetado para proteger os Estados Unidos contra Estados delinqüentes possuidores de armas atômicas, como a Coréia do Norte. Tal sistema ameaçou desfazer o Tratado dos Mísseis Antibalísticos e a doutrina da destruição mutuamente assegurada que os europeus valorizavam havia tanto tempo, por ser essencial à sua própria segurança estratégica. Também ameaçava proteger o solo americano, deixando os europeus ainda vulneráveis a ataques nucleares, o que os europeus consideravam indesejável. A administração Clinton negociou o protocolo de Kioto para tratar das alterações climáticas mundiais, mas não o apresentou ao Senado, propositadamente, onde decerto seria derrotado. E foi a administração Clinton, incitada pelo Secretário da Defesa William Cohen e por oficiais graduados das Forças Armadas no Pentágono, que exigiu para os soldados americanos a imunidade contra processos no novo Tribunal Criminal Internacional – que se tornara o símbolo perfeito das aspirações européias a um mundo no qual todos os países fossem juridicamente iguais. Ao dar esse passo na direção oposta ao consenso multilateralista europeu, o presidente Clinton estava, de certa maneira, curvando-se às pressões de

---

[27] Discurso do Vice-Secretário de Estado Martin Indyk ao Conselho das Relações Exteriores, 22 de abril de 1999, citado em *ibid.*, p.183.

um Congresso hostil, dominado pelo Partido Republicano. Mas a própria administração Clinton achava que aqueles tratados tinham falhas; nem Clinton era tão "europeu" quanto mais tarde o pintariam. Seja como for, a divergência cada vez maior entre as políticas americana e européia durante o governo Clinton expressavam uma realidade mais profunda. Os Estados Unidos da era pós-Guerra Fria estavam tornando-se mais unilaterais em seu trato com o resto do mundo numa época em que os europeus estavam iniciando um esforço novo e vigoroso para criar um sistema jurídico internacional mais abrangente, exatamente para conter tal unilateralismo.

A guerra do Kosovo no primeiro semestre de 1999 foi uma interessante insinuação do futuro. Embora a campanha militar aliada contra Slobodan Milosevic, na Sérvia, tenha tido êxito e representado a primeira ocasião, em seus cinqüenta anos de história, que a OTAN realizou uma atividade militar, o conflito também revelou brechas sutis na aliança pós-Guerra Fria – brechas que sobreviveram a Kosovo, mas talvez não resistissem às pressões mais fortes de outro tipo de guerra em outras circunstâncias internacionais.

A realização da guerra demonstrou o grave desequilíbrio militar transatlântico. Os Estados Unidos conduziram a maioria das missões, quase todas as munições de precisão lançadas sobre a Sérvia e o Kosovo eram fabricadas nos Estados Unidos, e a superioridade sem par das capacidades americanas de coleta de informações técnicas significava que 99 por cento dos alvos provinham de fontes americanas de informações. O predomínio americano nas operações de guerra perturbaram os europeus de duas maneiras. De um lado, foi um golpe doloroso para a honra européia. Conforme comentaram dois analistas ingleses após a guerra, até o Reino Unido, "que se orgulha de ser uma importante potência militar, só conseguiu contribuir com quatro por cento dos aviões e quatro por cento das bombas".[28] Para os mais respeitados pensadores estratégicos da Europa, na França, na Alemanha e na Inglaterra, a guerra do Kosovo apenas "acentuou a impotência das forças armadas européias". Foi vergonhoso que, mesmo numa região tão próxima quanto os Bálcãs, a "capacidade européia de dispor de forças" não passasse de "mísera fração" da força americana.[29] Ainda mais incômodo era o fato de que a dependência européia do poderio militar americano dava aos Estados Unidos influência predominante, não só sobre o modo como se travava a guerra, mas também sobre a diplomacia internacional antes, durante e após a guerra. Os europeus eram favoráveis a uma pausa nos bombardeios após alguns dias, por exemplo, para dar a Milosevic uma oportunidade de acabar com a crise. Mas os Estados Unidos e o comandante americano da OTAN, o general Wesley K. Clark, se recusaram. A maioria dos europeus, em especial os franceses, queriam intensificar gradualmente os bombardeios, a fim de reduzir os danos à Sérvia e incentivar Milosevic a encerrar o conflito antes que a OTAN destruísse tudo aquilo a que ele dava valor. Mas Clark discordava. "No pensamento militar dos EUA", explica ele, "procuramos ser o mais decisivos possível assim que recorremos ao uso da força."[30] Muitos europeus queriam concentrar o bombardeio nas forças sérvias engajadas na "limpeza étnica" do Kosovo. Porém, conforme recorda Clark, "a maioria dos

---

[28] Tim Garden e John Roper, "Pooling Forces", Centre for European Reform, dezembro de 1999.
[29] Christoph Bertram, Charles Grant e François Heisbourg, "European Defence: The Next Steps", Centre for European Reform, *CER Bulletin* 14 (outubro/novembro 2000).
[30] Wesley K. Clark, *Waging Modern War* (Nova York, 2001), p. 449.

americanos acreditavam que a melhor e mais rápida maneira de fazer com que Milosevic mudasse de opinião era atacá-lo e ao seu regime da maneira mais dura possível".[31] Se os americanos ou os europeus estavam certos acerca do modo como travar aquela guerra, ou qualquer outra guerra, para a Europa continuou sendo fato deprimente que, por ser a guerra do Kosovo travada com "equipamentos americanos", foi travada quase totalmente de acordo com a "doutrina americana".[32] Apesar de todo o poderio econômico da Europa e de todo seu êxito ao conquistar a união política, a fraqueza militar da Europa produzira fraqueza diplomática e diminuíra muito sua influência política, em comparação com a influência dos Estados Unidos, mesmo em crise dentro da Europa.

Os americanos também não estavam satisfeitos. O general Clark e seus colegas reclamavam que todo o empenho para preservar o consenso dentro da aliança obstruiu as operações de guerra e atrasou sua conclusão bem-sucedida. Antes da guerra, ratificou Clark mais tarde, "não podíamos apresentar a Milosevic uma advertência clara e inequívoca", em parte porque muitos países da Europa não queriam ameaçar entrar em ação sem mandato do Conselho de Segurança da ONU – o que Clark, no típico estilo americano, chamava de "questões jurídicas" da Europa. Na opinião dos americanos, essas "questões jurídicas" eram "obstáculos ao planejamento e ao preparo apropriados" para a guerra.[33] Durante o combate, Clark e seus

---

[31] Os americanos também não queriam seus pilotos em baixas altitudes, onde teriam mais probabilidades de ser abatidos. *Ibid.*
[32] Garden and Roper, "Pooling Forces".
[33] Clark, *Waging Modern War*, pp. 420, 421. "A falta de autorização jurídica", recorda Clark, "fez com que quase todos os governos da OTAN, a princípio, rejeitassem o pedido do Secretário Cohen de autorizar uma ameaça da OTAN antes da eclosão da guerra no início de 1999."

colegas americanos sentiram-se exasperados com a necessidade constante de chegar a um meio-termo entre a doutrina militar americana e o que Clark chamava de "tática européia".³⁴ "Sempre foram os Estados Unidos que fizeram pressão para a intensificação rumo a alvos novos e mais delicados [...] e sempre eram alguns dos Aliados que expressavam dúvidas e reservas." Na opinião de Clark: "Fomos prejudicados na eficácia operacional por ter de restringir a natureza da operação no sentido de adaptá-la às preocupações político-jurídicas dos membros da OTAN."³⁵ O resultado foi uma guerra da qual nem os europeus nem os americanos gostaram. Em uma reunião dos ministros da defesa da OTAN, alguns meses após a guerra, um dos ministros comentou que a maior lição da guerra aliada no Kosovo foi que "não queremos fazer isso nunca mais".³⁶

Felizmente para a saúde da aliança, em 1999, Clark e seus superiores na administração Clinton achavam que valia a pena pagar o preço da unidade aliada. Mas a disposição dos Estados Unidos em preservar a coesão transatlântica, mesmo que custasse a eficácia militar, deveu muito às circunstâncias especiais, se não exclusivas, do conflito do Kosovo. Para os Estados Unidos, preservar a coesão e a viabilidade da aliança não era apenas um meio para um fim no Kosovo; estava entre os objetivos principais da intervenção americana, assim como preservar a aliança fora um dos principais motivos da intervenção americana anterior na Bósnia, e também como preservar a coesão da aliança fora uma das metas principais da estratégia americana durante a Guerra Fria.

---

³⁴ *Ibid.*, p. 449.
³⁵ *Ibid.*, p. 426.
³⁶ Comentário sardônico de Clark: "Ninguém achou graça." *Ibid.*, p. 417.

A abstenção americana no conflito dos Bálcãs durante a primeira administração Bush e no primeiro mandato de Clinton parecera ameaçar a própria OTAN. Quando o Secretário de Estado James Baker citou a guerra dos Bálcãs como "conflito estritamente europeu" e declarou que os Estados Unidos não tinham "participação naquela briga", opiniões essas compartilhadas pela maioria de seus colegas, em especial o então Presidente do Estado Maior Conjunto, Colin Powell, que levantaram questões incômodas sobre o papel dos Estados Unidos na Europa no período pós-Guerra Fria. Os Estados Unidos continuavam comprometidos com a segurança e a estabilidade da Europa? Poderia a OTAN resolver o que então se considerava novos desafios da era pós-Guerra Fria, os conflitos étnicos e o colapso de Estados? Ou teria a aliança liderada pelos Estados Unidos desgastado sua utilidade, chegando ao ponto em que não conseguiria deter agressões e limpezas étnicas, mesmo no continente europeu?

O envolvimento dos Estados Unidos no Kosovo ou na Bósnia não se baseara em cálculos de "interesse nacional" restrito, pelo menos segundo a interpretação dada a essa expressão pela maioria dos americanos. Embora eles tivessem um interesse moral premente por deter o genocídio e a limpeza étnica, em especial na Europa, os teóricos americanos realistas afirmavam com veemência que os Estados Unidos não tinham "interesse nacional" em jogo nos Bálcãs. Quando as autoridades do governo Clinton e outros partidários da intervenção americana defenderam a ação militar do país com base em interesses nacionais, isso foi um meio de preservar a aliança e restaurar os laços desgastados das relações transatlânticas. Assim como na Guerra Fria, os Estados Unidos lutaram nos Bálcãs principalmente para preservar "o Ocidente". E esse objetivo definiu a estratégia militar americana. Segundo o general Clark, "não havia alvo ou conjunto de alvos mais importante do que a coesão da OTAN".[37] Essa estratégia de guerra pode ter parecido boa no Kosovo e na Bósnia, mas levantava questões sobre o futuro. Clark, ou qualquer futuro comandante americano, faria os mesmos cálculos em outras circunstâncias? Estaria ele disposto a sacrificar a eficácia operacional, a intensificação rápida, a "doutrina militar americana" e o uso de força decisiva numa guerra cuja meta principal não era a coesão e a preservação da OTAN e da Europa? Na verdade, a guerra do Kosovo demonstrou como seria difícil para os Estados Unidos e seus aliados europeus combaterem juntos em qualquer guerra. E se tivessem de travar uma guerra que não fosse de natureza primordialmente "humanitária"? E se os americanos acreditassem que seus interesses essenciais estivessem sofrendo ameaça direta? E se eles tivessem sofrido ataques horrendos em seu próprio território e temessem mais ataques? Em tais circunstâncias, os americanos teriam a mesma tolerância com o desastrado e restrito processo decisório e de combate da OTAN? Será que iam querer comprometer-se mais uma vez com a "tática européia" de guerra, ou prefeririam "guerrear sozinhos"? A resposta a essas perguntas surgiu após o 11 de setembro. Com quase três mil mortos na cidade de Nova York, e Osama bin Laden à solta no Afeganistão, as forças armadas dos Estados Unidos e a administração Bush tinham pouco interesse em trabalhar por intermédio da OTAN. Isso pode ter sido lamentável da perspectiva das relações transatlânticas, mas não foi surpresa nenhuma.

O fato é que, em fins da década de 1990, a disparidade entre poderes estava, de maneira sutil, tecendo a trama das relações transatlânticas. Os americanos estavam insatisfeitos e

---

[37] *Ibid.*, p. 430.

impacientes com relação às restrições impostas pelos aliados europeus que pouco levaram à guerra, mas cuja preocupação com "questões jurídicas" impediram o andamento eficaz da guerra. Os europeus estavam insatisfeitos com o predomínio americano e com a própria dependência. A lição para os Estados Unidos, inclusive para o alto escalão da administração Clinton, foi que, mesmo com a melhor das intenções, não era possível ter êxito em atividades multilaterais sem um elemento significativo do unilateralismo americano, a disposição dos Estados Unidos era a de usar seu poder avassalador para dominar tanto a guerra quanto a diplomacia quando os aliados mais fracos hesitassem. A administração Clinton tomara posse falando em "multilateralismo positivo"; terminou falando nos Estados Unidos como "nação indispensável".

A lição para muitos europeus foi que a Europa precisava tomar providências para se libertar, pelo menos parcialmente, dessa dependência do poder americano que, após a Guerra Fria, parecia não ser mais necessário. Isso, por sua vez, exigia que a Europa gerasse capacidades militares independentes. Em fins de 1998, esse juízo incitou nada menos que um amigo dos Estados Unidos, Tony Blair, a atravessar o Canal da Mancha para fazer à França uma proposta sem precedentes: acrescentar o peso da Inglaterra ao até então protelado empenho de gerar capacidades de defesas em comum na União Européia, independentes da OTAN. Juntos, Blair e Jacques Chirac conquistaram a aprovação geral da Europa para a criação de um contingente com sessenta mil soldados que se pudesse enviar para longe e manter durante até um ano.

Mais uma vez, se essa iniciativa anglo-francesa tivesse frutificado, os Estados Unidos e a Europa talvez estivessem hoje no caminho de instituir uma nova relação fundamentada em maior capacidade militar européia e maior independência do

DO PARAÍSO E DO PODER 55

poderio americano. Essa iniciativa, porém, seguiu o mesmo caminho de todas as outras propostas de aumentar a autonomia estratégica e o poderio militar europeus. Em dezembro de 2001, o ministro das Relações Exteriores da Bélgica sugeriu que a força militar da UE simplesmente "se declarasse operacional, sem que tal declaração se fundamentasse em qualquer capacidade verdadeira".[38] Na verdade, o empenho em criar uma força européia tem sido, até agora, constrangedor para os europeus. Atualmente a União Européia não está mais próxima de ter uma força independente, mesmo pequena, do que três anos atrás. E esse mais recente fracasso suscita a pergunta que tantos europeus e muitos "transatlanticistas" nos Estados Unidos não estão dispostos a formular e muito menos a responder: Por que a Europa não cumpriu a promessa da União Européia nas políticas internacional e de defesa, nem atendeu às solicitações de alguns de seus mais importantes líderes de criar ao menos uma força militar para fazer com que o fiel da balança se afastasse, só um pouco, do predomínio americano?

[38] John Vinocur, "On Both War and Peace, the EU Stands Divided", *International Herald Tribune*, 17 de dezembro de 2001.

O PARAÍSO PÓS-MODERNO

A resposta está em algum lugar do reino da ideologia, no comportamento europeu, não só no tocante aos gastos com a defesa, mas com relação ao próprio poder. Por mais importante que tenha sido a lacuna entre poderes na criação das respectivas culturas estratégicas dos Estados Unidos e da Europa, se a disparidade das capacidades militares fossem o único problema, a solução seria bem simples. Com uma população cultíssima e produtiva de quase 400 milhões de pessoas e uma economia de US$9 trilhões, a Europa tem hoje os recursos financeiros e a capacidade tecnológica de se tornar uma potência militar mundial se os europeus quisessem se tornar esse tipo de potência mundial. Seria fácil gastarem duas vezes mais do que gastam hoje na defesa se o julgassem necessário.[39] E fechar a lacuna entre os poderes dos Estados Unidos e da Europa talvez também viesse a fechar a lacuna entre as percepções estratégicas.

Corre nos círculos estratégicos americanos a opinião cética de que os europeus simplesmente gozam da "carona" que conseguiram sob o guarda-chuva de segurança dos Estados Unidos nas últimas seis décadas. Em razão da disposição

---

[39] Os europeus afirmam que existem certas realidades estruturais em seus orçamentos nacionais, limitações inerentes a quaisquer aumentos significativos nos gastos com defesa. Mas, se a Europa estivesse prestes a ser invadida, seus políticos continuariam insistindo em que não poderiam aumentar os orçamentos da defesa porque isso violaria os termos do pacto de desenvolvimento e estabilidade da UE? Se os alemães se sentissem realmente ameaçados, continuariam afirmando que seus programas de bem-estar social devem permanecer intactos?

americana de gastar tanto para protegê-los, os europeus preferem gastar o próprio dinheiro em programas de bem-estar social, férias longas e jornadas de trabalho mais curtas. Porém o abismo transatlântico é mais do que uma lacuna em capacidades militares e, embora a Europa possa estar gozando de carona no tocante à segurança global, a falta de disposição européia em gerar sua própria força militar é mais do que comodismo perante a atual garantia americana. Afinal, no século XIX os Estados Unidos eram os beneficiários do predomínio naval inglês no Atlântico e no Caribe. Mas isso não impediu que os Estados Unidos se empenhassem em seu próprio acúmulo naval em período de paz, nas décadas de 1880 e 1890, acúmulo esse que os equipou para declarar e vencer a Guerra Hispano-Americana, conquistar as Filipinas e se tornar potência mundial. Os norte-americanos de fins do século XIX não se acomodaram na segurança; ambicionavam mais poder.

Hoje em dia os europeus não ambicionam poder e, certamente não, o poder militar. Durante os últimos cinqüenta anos, os europeus passaram a ter uma opinião bem diferente no tocante ao papel do poder nas relações internacionais, uma opinião proveniente de sua vivência histórica exclusiva desde o fim da Segunda Guerra Mundial. Rejeitaram a política do poder que lhes trouxe tanta infelicidade nos últimos cem anos. Essa é uma opinião acerca do poder com a qual os americanos não concordam e não podem concordar, já que a formação histórica do seu lado do Atlântico não foi a mesma.

Voltemos a analisar as qualidades que compõem a cultura estratégica européia: a ênfase na negociação, a diplomacia e os laços comerciais, no direito internacional em detrimento do uso da força, na sedução em detrimento da coerção, no multilateralismo em detrimento do unilateralismo. É verdade que essas não são táticas européias tradicionais em relações internacionais quando encaradas da perspectiva histórica. Mas são produto de uma história européia mais recente. A cultura estratégica atual representa uma rejeição consciente do passado europeu, rejeição dos males da *Machtpolitik* européia. É reflexo do ardente e compreensível desejo dos europeus de jamais voltar a esse passado. Quem conhece melhor do que os europeus os riscos decorrentes da política descontrolada do poder, da confiança excessiva nas forças armadas, das políticas produzidas pelo egoísmo e pela ambição nacionais, mesmo do equilíbrio dos poderes e da *raison d'état*? Segundo as palavras do ministro das Relações Exteriores da Alemanha, Joschka Fischer, em um discurso que definia suas perspectivas acerca do futuro da Europa: "O cerne do conceito da Europa após 1945 era, e ainda é, a rejeição do princípio do equilíbrio de poderes e das ambições hegemônicas dos estados que surgiram após a Paz da Vestefália em 1648."[40] A própria União Européia é produto de um século pavoroso de guerras européias.

Naturalmente, foram as "ambições hegemônicas" de uma nação específica que a integração da Europa pretendia conter. E a integração e a domesticação da Alemanha é a grande realização da Europa – na perspectiva histórica, talvez a maior conquista que a política internacional já alcançou. Alguns europeus se recordam, como Fischer, do papel fundamental dos Estados Unidos na solução do "problema da Alemanha". Poucos gostam de recordar que a destruição militar da Alemanha nazista era o pré-requisito da paz européia que veio a seguir. Pelo contrário, a maioria dos europeus gostam de acreditar que foi a transformação da mente e do espírito europeus que viabilizou a "nova ordem". Os europeus, que inventaram a

---

[40] Discurso de Fischer na Universidade Humboldt em Berlim, 12 de maio de 2000.

política do poder, converteram-se voluntariamente em idealistas, deixando para trás o que Fischer chamava de "velho sistema de equilíbrio com sua contínua orientação nacional, restrições às coalizões, tradicional política voltada para os interesses e o risco permanente de ideologias e confrontos nacionalistas".

Fischer está próximo a um dos extremos do idealismo europeu. Mas não se trata de questão direita-esquerda na Europa. A principal objeção de Fischer – que a Europa se afastou do velho sistema da política do poder e descobriu um novo sistema para preservar a paz nas relações internacionais – tem adeptos em toda a Europa. Segundo o veterano diplomata inglês e autoridade da UE, Robert Cooper, hoje a Europa vive num "sistema pós-moderno" que não se apóia no equilíbrio de poderes, mas na "rejeição da força" e em "normas de comportamento auto-impostas". No mundo "pós-moderno", escreve Cooper, "a *raison d'état* e a amoralidade das teorias maquiavélicas da arte de governar... foram substituídas pela consciência moral" nos assuntos internacionais.[41]

Os realistas norte-americanos talvez desdenhem desse idealismo. Hans Morgenthau e George Kennan presumiam que só americanos ingênuos sucumbiam às fantasias legalistas e moralistas "wilsonianas", e não os maquiavéis europeus experientes em guerra e de mentalidade histórica. Mas, na verdade, por que os europeus não deveriam ser idealistas no tocante aos assuntos internacionais, pelo menos no modo como são tratados no "sistema pós-moderno" europeu? Dentro dos confins da Europa, as antiqüíssimas leis das relações internacionais foram revogadas. Os europeus procuraram instituir sua nova ordem, liberta das leis e até da mentalidade da política do poder. Os

---

[41] Robert Cooper, *The Observer*, 7 de abril de 2002.

europeus afastaram-se do mundo hobbesiano da anarquia para ingressar no mundo kantiano da paz perpétua. De fato, os Estados Unidos resolveram o paradoxo kantiano para os europeus. Kant afirmara que a única solução para os horrores imorais do mundo hobbesiano era a criação de um governo mundial. Porém, ele também temia que o "estado de paz universal" viabilizado pelo governo mundial se tornasse uma ameaça ainda maior à liberdade humana do que a ordem internacional hobbesiana, já que tal governo, com seu monopólio do poder, se tornaria "o mais horrível despotismo".[42] Como as nações poderiam alcançar a paz perpétua sem destruir a liberdade humana era um problema que Kant não conseguiu resolver. Mas, para a Europa, o problema foi resolvido pelos Estados Unidos. Ao fornecer segurança proveniente do exterior, os Estados Unidos tornaram desnecessário que o governo supranacional da Europa a fornecesse. Os europeus não precisaram de poder para conquistar a paz, e não precisam de poder para preservá-la.

A vida na Europa durante as mais de cinco décadas posteriores à Segunda Guerra Mundial não foi modelada pelas leis brutais da política do poder, mas pela criação de uma fantasia geopolítica, um milagre de importância histórica mundial: o leão alemão deitou-se com o cordeiro francês. O conflito que devastou a Europa após o nascimento violento da Alemanha no século XIX foi eliminado. Os meios pelos quais se obteve esse milagre se tornaram uma espécie de mística sagrada para os europeus, principalmente após o fim da Guerra Fria. Diplomacia, negociações, paciência, a geração de economias, o entrosamento político, o uso da persuasão em vez de sanções, o meio-termo em vez de confronto, os pequenos passos e

---

[42] Ver Thomas L. Pangle e Peter J. Ahrensdorf, *Justice Among Nations: On the Moral Basis of Power and Peace* (Lawrence, KS, 1999), pp. 200-201.

as ambições moderadas de êxito – esses foram os instrumentos da reconciliação franco-alemã e, por conseguinte, os instrumentos que viabilizaram a integração da Europa. A França, em especial, mergulhou no desconhecido, oferecendo-se para unir sua soberania econômica e, depois, sua soberania política, com a Alemanha, velha inimiga, como melhor maneira de evitar futuros conflitos. A Alemanha, por sua vez, cedeu seu próprio grande poder dentro da Europa em benefício da reintegração. A integração da Europa não devia fundamentar-se na dissuasão militar nem no equilíbrio de poderes. Pelo contrário, o milagre foi a rejeição das Forças Armadas e de sua utilidade como instrumento de assuntos internacionais – pelo menos dentro dos confins da Europa. Durante a Guerra Fria, poucos europeus duvidavam da necessidade das Forças Armadas para conter a União Soviética. Mas o fim da Guerra Fria, ao eliminar até o risco externo da União Soviética, permitiu que a nova ordem européia, e seu novo idealismo, florescessem completamente em um grande plano de ordem mundial. Libertos das exigências de qualquer dissuasão militar, interna ou externa, os europeus tornaram-se ainda mais confiantes de que seu modo de resolver os problemas internacionais passara a ter aplicação universal. Sua crença na importância de organizações de segurança como a OTAN diminuiu igualmente.

"A genialidade dos patronos", explicou o presidente da Comissão Européia Romano Prodi, "estava na tradução de altíssimas ambições políticas... em uma série de decisões mais específicas, quase técnicas. Esse método indireto tornou possível as atividades posteriores. A reconciliação aconteceu de maneira gradual. Do confronto, passamos à disposição de colaborar na esfera econômica e, depois, passamos à integração."[43]

---

[43] Discurso de Romano Prodi no Institut d'Etudes Politiques em Paris, 29 de maio de 2001.

É isto que muitos europeus acreditam ter para oferecer ao mundo: não o poder, mas a transcendência do poder. A "essência" da União Européia, escreve Everts, é "submeter as relações internacionais ao Estado de direito", e a experiência européia de governo multilateral bem-sucedido, por sua vez, produziu a ambição de converter o mundo.[44] A Europa "tem um papel a desempenhar na arte internacional de governar", afirma Prodi, um papel que se baseia na replicação da experiência européia em escala mundial. Na Europa "o Estado de direito substituiu a interação crua dos poderes... a política do poder perdeu a influência". E, ao "ter êxito na integração, estamos demonstrando ao mundo que é possível criar um método para chegar à paz".

Não resta dúvida de que há ingleses, alemães, franceses e outros que franziriam a sobrancelha perante idealismo tão exuberante. Muitos europeus, porém, muitos entre eles em situações de poder, costumam aplicar a experiência européia ao resto do mundo e, às vezes, com o fervor evangélico dos convertidos. Em geral, a crítica européia do método americano de lidar com regimes delinqüentes fundamenta-se nessa idéia européia especial. Iraque, Coréia do Norte, Irã, Líbia – podem ser Estados perigosos e desagradáveis, e até mesmo malignos, caso americanos simplistas façam questão. Mas a Alemanha também já foi maligna. Será que o "método indireto" não funcionaria mais uma vez, como funcionou na Europa? Não seria possível, mais uma vez, passar do confronto à aproximação, que começou com a cooperação na esfera econômica e, depois, passou à integração pacífica? A fórmula que funcionou na Europa não poderia funcionar novamente no caso do Irã? Não poderia ter funcionado até com o Iraque? Muitos acadêmicos

---

[44] Everts, "Unilateral America, Lightweight Europe?", p. 10.

europeus insistiam em que poderia, e a custos e riscos inferiores aos da guerra. E a Europa a aplicaria também aos israelenses e palestinos, pois, afinal, conforme afirma o comissário da UE, Chris Patten, a "integração da Europa demonstra esse acordo e a reconciliação é possível após gerações de preconceito, guerra e sofrimento".[45] A transmissão do milagre europeu ao resto do mundo tornou-se a nova *mission civilisatrice* da Europa. Assim como os norte-americanos sempre acreditaram que tinham descoberto o segredo da felicidade humana e queriam exportá-lo para o resto do mundo, também os europeus têm uma nova missão, fruto de sua própria descoberta da paz perpétua.

Assim, chegamos ao que talvez seja o motivo mais importante das divergências de opinião entre a Europa e os Estados Unidos. O poder dos Estados Unidos e sua disposição para exercer esse poder – unilateralmente, se necessário – constituem ameaça à nova idéia de missão da Europa. Talvez seja a maior ameaça. Os estrategistas americanos acham difícil de acreditar, mas as principais autoridades e os políticos da Europa têm-se se preocupado mais com a maneira como os Estados Unidos podem vir a lidar, bem ou mal, com o problema do Iraque – por meio de atos militares unilaterais ou extrajurídicos – do que jamais se preocuparam com o próprio Iraque e com as armas de destruição em massa de Saddam Hussein. E, embora de fato receiem que tal ato possa vir a desestabilizar o Oriente Médio e levar à perda desnecessária de vidas, sempre houve uma preocupação mais profunda.[46] Tais operações

---

[45] Chris Patten, "From Europe with Support", *Yediot Ahronot*, 28 de outubro de 2002.
[46] A argumentação comum nos Estados Unidos, de que a política européia com relação ao Iraque e ao Irã é ditada por ponderações financeiras, está apenas parcialmente certa. Os europeus são mais gananciosos que os americanos? Os conglomerados americanos não influenciam a política dos Estados Unidos

norte-americanas, mesmo quando bem-sucedidas, são uma agressão à essência da Europa "pós-moderna". São uma agressão aos novos ideais europeus, a negação de sua validade universal, em geral como as monarquias européias dos séculos XVIII e XIX eram uma agressão aos ideais republicanos dos Estados Unidos. Os americanos deviam ser os primeiros a entender que uma ameaça às convicções pode ser tão assustadora quanto uma ameaça à segurança física.

Assim como fizeram os norte-americanos durante dois séculos, a Europa fala com grande confiança da superioridade de seu entendimento global, da sabedoria que tem a oferecer às outras nações sobre a resolução de conflitos, e de seu modo de resolver problemas internacionais. Mas, exatamente como na primeira década da república norte-americana, há traços de insegurança na declaração de êxito da Europa, uma necessidade evidente de afirmação desse êxito e de fazer com que suas opiniões sejam aceitas pelos outros países, principalmente pelos Estados Unidos. Afinal, negar a validade do novo idealismo europeu é levantar dúvidas profundas sobre a viabilidade do projeto europeu. Se não for, de fato, possível resolver os problemas internacionais à maneira européia, isso não insinuaria que a própria Europa poderia acabar sem solução, com os horrores que isso acarreta? Esse é um dos motivos pelos quais os europeus foram tão inflexíveis com relação à preservação da aplicabilidade universal do Tribunal Criminal Internacional. O pedido de imunidade dos Estados Unidos – dois pesos e duas medidas para os poderosos – solapa o próprio princípio que os europeus tentam instituir, de que todos os países, fortes e fracos, são

---

na Ásia e na América Latina, bem como no Oriente Médio? A diferença é que os juízos estratégicos dos Estados Unidos às vezes entram em conflito com os interesses financeiros e os anulam. Pelos motivos indicados neste livro, esse conflito é muito menos comum na Europa.

iguais perante a lei e a ela devem obedecer. Se for possível desobedecer a esse princípio, o que acontece, então, com a União Européia, que depende, para a própria existência, da obediência geral às leis da Europa? Se o Direito Internacional não impera supremo, a Europa está condenada a voltar ao passado? E, é claro, é precisamente esse medo de derrapar para trás que ainda paira sobre os europeus, mesmo enquanto a Europa caminha para a frente. Os europeus, em especial os franceses e os alemães, não têm certeza absoluta de que foi resolvido o problema antes conhecido como "problema alemão". Nem a França de François Mitterrand, nem a Inglaterra de Margaret Thatcher gostavam da perspectiva da reunificação da Alemanha após o fim da Guerra Fria; os Estados Unidos precisaram persuadi-las e tranqüilizá-las, assim como o líder francês e o inglês foram persuadidos a aceitar a reintegração alemã quatro décadas antes. Conforme indicam as diversas e quase sempre diferentes propostas de futura Constituição para a Europa, a França ainda não tem certeza de que pode confiar na Alemanha, e a Alemanha ainda não tem certeza se pode confiar em si mesma. Quase seis décadas depois da Segunda Guerra Mundial, uma autoridade francesa ainda pode comentar: "Dizem que é uma coisa horrível que a Alemanha não esteja dando certo." Mas eu pergunto: "É mesmo? Quando a Alemanha está dando certo, seis meses depois geralmente está marchando pelos Campos Elíseos."[47] Enterrada não muito abaixo da superfície dessas piadas, há uma apreensão genuína e perene acerca de uma Alemanha que ainda é grande demais para o continente europeu. Em meados de 2002, quando o chanceler alemão Gerhard Schroeder desafiou o pedido de

---

[47] Ver Gerard Baker, "Europe's Three Ways of Dealing with Iraq", *Financial Times*, 17 de outubro de 2002, p. 17.

apoio quanto ao Iraque, feito à Europa pela administração Bush, sua insistência no trato de tais assuntos "à maneira alemã" talvez tenha sido mais inquietante para seus vizinhos europeus do que para os Estados Unidos. A ironia é que até o pacifismo e o neutralismo alemães conseguem assustar os europeus, quando um líder alemão fala da "maneira alemã".

Tais temores podem, às vezes, obstruir o progresso rumo a uma integração mais profunda, mas também levaram adiante o projeto europeu, apesar dos inumeráveis obstáculos. A integração é impulsionada, em parte, pelos temores dos alemães com relação a si mesmos. O projeto europeu precisa dar certo, adverte Joschka Fischer, pois, de que outra maneira se podem superar "os riscos e as tentações objetivamente inerentes às dimensões da Alemanha e de sua situação central?"[48] Essas "tentações" históricas da Alemanha estão no subconsciente de muitos europeus. E sempre que a Europa contempla o uso das Forças Armadas, ou é obrigada a fazê-lo pelos Estados Unidos, não há como evitar pelo menos uma ponderação momentânea acerca das conseqüências que tal operação militar teria sobre a "questão da Alemanha", que parece não desaparecer completamente.

Talvez não seja apenas coincidência, portanto, que o progresso fantástico rumo à integração européia nos últimos anos não tenha vindo acompanhado do surgimento de uma superpotência européia, mas de Forças Armadas européias cada vez menores em comparação com os Estados Unidos. Transformar a Europa em uma superpotência global, capaz de se equilibrar em poder com os Estados Unidos, pode ter sido a argumentação original da União Européia – presumia-se que um dos mais importantes subprodutos da integração européia seria a política internacional e de defesa européia independente. Mas, na

---

[48] Discurso de Fischer na Universidade Humboldt, 12 de maio de 2000.

verdade, almejar uma "potência" européia não é idéia um tanto anacrônica? É um impulso atavista, incompatível com os ideais da Europa pós-moderna, cuja própria existência depende da rejeição da política do poder: seja o que for que seus arquitetos tenham pretendido, a integração da Europa mostrou-se inimiga do poderio militar e, de fato, de um importante papel da Europa no mundo.

Esse fenômeno não se manifestou nos orçamentos militares europeus parcos ou em declínio, mas em outros aspectos, também, e mesmo no setor das políticas culturais e de persuasão. Os líderes europeus falam do papel essencial da Europa no mundo. Prodi anseia por "fazer com que nossa voz seja ouvida, que nossos atos tenham importância".[49] E é verdade que os europeus gastam muito dinheiro em auxílio a outros países – mais verba *per capita*, conforme gostam de salientar, do que os Estados Unidos. Os europeus participam de missões militares internacionais, contanto que sejam missões praticamente limitadas à manutenção da paz. Porém, embora a UE periodicamente molhe as mãos em águas internacionais problemáticas no Oriente Médio ou na Península da Coréia, a verdade é que a política internacional da UE talvez seja a mais anêmica de todos os produtos da integração européia. Conforme um observador solidário comentou, poucos líderes europeus "dedicam muito tempo ou energia a isso".[50] As iniciativas de política internacional da UE costumam durar pouco e raramente têm o apoio contínuo da parte de vários Estados europeus. Esse é um dos motivos por que surgem oposições com tanta facilidade. No Oriente Médio, onde tantas verbas européias financiam a

---

[49] Discurso de Prodi no Institut d'Etudes Politiques, 29 de maio de 2001.
[50] Charles Grant, "A European View of ESDP", trabalho acadêmico, Centre for European Policy Studies, abril de 2001.

Palestina e outros projetos árabes, ainda é aos Estados Unidos, e não à Europa, que os árabes e os israelenses recorrem para pedir apoio, auxílio e uma resolução segura para o conflito. Parece que todo o poderio econômico da Europa não consegue se traduzir em influência diplomática, tanto no Oriente Médio quanto em qualquer outro lugar onde as crises tenham um componente militar.[51]

Ademais, é óbvio que as questões externas à Europa não atraem tanto interesse entre os Europeus quanto as questões puramente européias. Isso surpreende e frustra os americanos de todos os lados do debate político e estratégico: recordemos a profunda decepção dos liberais norte-americanos quando os europeus deixaram de organizar um protesto eficaz na ocasião em que Bush retirou sua participação do Tratado Antimísseis Balísticos. Nem a maioria dos europeus, tanto entre as elites quanto entre o eleitorado comum, deu a menor importância ao Iraque antes que a administração Bush ameaçasse invadi-lo.

Essa tendência introspectiva européia é compreensível, porém, em razão da imensa e difícil pauta da integração. A ampliação da União Européia para mais de duas dúzias de Estados-membros, a revisão das políticas econômica e agrícola em comum, a questão da soberania nacional versus governo supranacional, o suposto déficit democrático, a disputa de poder entre as grandes potências européias, a insatisfação das potências menores, a implantação de uma nova constituição européia – tudo isso representa desafios atuais graves e inevitáveis. As dificuldades de progredir pareceriam insuperáveis, não fossem progressos que o projeto de integração já demonstrou.

---

[51] Segundo Grant, "Uma UE que fosse menos impotente em Forças Armadas teria mais força diplomática". Grant, "European Defence", p. 2.

As políticas americanas que foram mal recebidas em seu teor – sobre o sistema de defesa contra mísseis e o Tratado Antimísseis Balísticos, a beligerância com relação ao Iraque, o apoio a Israel – têm sido ainda mais mal recebidas porque, na opinião dos europeus, são desvios das questões que realmente lhes interessam, ou seja, das questões da Europa. Os europeus costumam denunciar o isolacionismo e o provincianismo americanos, mas eles próprios se tornaram muito introspectivos. Conforme assinalou Dominique Moisi, na campanha presidencial francesa do ano passado não houve "menção aos acontecimentos de 11 de setembro e a suas abrangentes conseqüências". Ninguém perguntou "Qual deveria ser o papel da França e da Europa na nova configuração de forças após o 11 de setembro? Como a França deveria reavaliar seu orçamento e sua doutrina militar para levar em conta a necessidade de manter algum tipo de paridade entre Europa e Estados Unidos, ou pelo menos entre a França e a Inglaterra?" O conflito do Oriente Médio tornou-se assunto da campanha em razão da grande população árabe e muçulmana da França, como demonstrou o alto número de votos recebidos por Jean-Marie Le Pen. Mas Le Pen não é mascate de políticas internacionais. Conforme Moisi salientou, "na opinião da maioria dos eleitores franceses [...] a segurança tem pouca relação com a abstrata e distante geopolítica. Pelo contrário, a questão é qual político pode protegê-los melhor contra o crime e a violência que assolam as ruas e os bairros de suas cidades".[52]

A Europa pode mudar de rumo e assumir um papel mais amplo na cenário mundial? Não faltam líderes europeus que a incentivem a fazê-lo. Nem é a fraqueza da política internacional atual da UE prova incontestável de que precise ser fraca no

---

[52] Dominique Moisi, *Financial Times*, 11 de março de 2002.

futuro, em razão da história da UE de superação da fraqueza em outros setores. Não obstante, parece não existir vontade política de exigir mais poder para a Europa, pelo excelente motivo de que a Europa não percebe para si uma missão que exija poder. Sua missão, caso tenha uma missão além dos confins da Europa, é opor-se ao poder. É revelador que a argumentação que os europeus apresentam com mais freqüência a favor do aumento de seu poderio militar não seja a de que permitirá à Europa expandir seu alcance estratégico ou mesmo sua influência global. É apenas para conter e "multilateralizar" os Estados Unidos. "Os Estados Unidos", escreve o acadêmico inglês pró-EUA Timothy Garton Ash, "têm poder demais para o bem de qualquer um, inclusive o próprio."[53] Por conseguinte, a Europa precisa acumular poder, mas por nenhum outro motivo além de salvar o mundo e os Estados Unidos dos perigos inerentes à atual situação desproporcionada.

Se essa missão específica tem valor ou não, parece improvável que desperte as paixões européias. Só a França e a Inglaterra reagiram até o momento, mesmo que de maneira marginal, a esse desafio. Mas o aumento do orçamento de defesa proposto na França será, assim como a *force de frappe*, mais simbólico do que real. O ex-ministro das Relações Exteriores da França Hubert Védrine, que já se queixara da *hyperpuissance* americana, parou de falar em contrabalançar os Estados Unidos. Pelo contrário, ele dá de ombros e declara que "não há motivo para os europeus se igualarem com um país que é capaz de travar quatro guerras simultâneas".[54] Uma coisa era a Europa tentar, na década de 1990, aumentar seus gas-

---

[53] Timothy Garton Ash, *Nova York Times*, 9 de abril de 2002.
[54] Citado em David Ignatius, "France's Constructive Critic", *Washington Post*, 22 de fevereiro de 2002.

tos coletivos anuais com defesa, de US$150 bilhões para US$180 bilhões, quando os Estados Unidos estavam gastando US$280 bilhões. Mas agora que os Estados Unidos estão se aproximando de gastar US$400 bilhões por ano, ou talvez ainda mais nos anos vindouros, a Europa não tem a menor intenção de alcançá-los. Assim, a França talvez aumente em seis por cento seu orçamento, incitada pelo gaullismo do presidente Jacques Chirac. A Inglaterra talvez assuma o compromisso ainda maior de fortalecer e modernizar suas Forças Armadas, orientada por Tony Blair, na tentativa de ressuscitar, pelo menos em escala bem menor, a antiga tradição inglesa do imperialismo liberal. Mas o que é a "Europa" sem a Alemanha? E as verbas alemãs de defesa, atualmente mais ou menos a mesma percentagem do produto interno bruto de Luxemburgo, cairão ainda mais nos anos vindouros, pois a economia alemã está lutando com o peso de um sufocante sistema de trabalho e bem-estar social. Os analistas europeus talvez lamentem a "insignificância estratégica" do continente. O Secretário Geral da OTAN, George Robertson pode tachar a Europa de "pigmeu militar" no nobre esforço de constranger os europeus a gastar mais, e de maneira mais sensata do que fazem hoje. Mas quem acredita sinceramente que os europeus vão alterar seu comportamento de maneira radical? Eles têm muitas razões para não fazê-lo.

O MUNDO QUE OS ESTADOS UNIDOS CRIARAM

Se os americanos estão insatisfeitos com essa situação, deviam lembrar que a Europa atual – tanto a Europa integrada quanto a Europa fraca – é praticamente produto da política internacional dos Estados Unidos durante quase nove décadas. Os Estados Unidos abandonaram a Europa após a Primeira Guerra Mundial, ficando afastados enquanto o continente mergulhava em uma guerra ainda mais horrível que a primeira. Mesmo quando estava terminando a Segunda Guerra Mundial, o impulso inicial dos Estados Unidos era afastar-se novamente. O ideal original para tempos de guerra, de Franklin Delano Roosevelt, fora tornar a Europa estrategicamente irrelevante.[55] Em fins da década de 1930, e mesmo durante a guerra, a convicção geral nos Estados Unidos era de que "o sistema europeu estava essencialmente podre, que a guerra era endêmica no continente e que os europeus só podiam culpar a si mesmos por essa situação".[56] A Europa parecia não passar de uma incubadora superaquecida de guerras mundiais que custavam caro aos Estados Unidos.

Durante a Segunda Guerra Mundial, americanos como Roosevelt, olhando para trás, e não para a frente, acreditavam que não poderia haver melhor serviço a prestar do que tirar a Europa do cenário estratégico global de uma vez por todas. Na verdade, Roosevelt preferia fazer negócios com a Rússia de Stalin. "Depois de desarmar a Alemanha", perguntou FDR, "qual é o motivo para a França ter uma grande instituição militar?" Charles de Gaulle achava perguntas como essa "inquietantes para a Europa e para a França", com toda razão. Os ame-

---

[55] Segundo o historiador John Lamberton Harper, FDR queria "reduzir de maneira drástica o peso da Europa" e, por conseguinte, viabilizar "o afastamento da Europa da política mundial". *American Visions of Europe: Franklin D. Roosevelt, George F. Kennan, and Dean G. Acheson* (Cambridge, RU, 1996), pp. 79, 3.
[56] William L. Langer e S. Everett Gleason, *The Challenge to Isolation, 1937-1940* (Nova York, 1952), p.14.

ricanos da era de Roosevelt defendiam a antiga opinião corrente nos Estados Unidos de que a Europa era corrupta e decadente, naquela época fundida com certo desprezo pela fraqueza e pela dependência européias. Se as potências européias estavam perdendo sua abrangência global em razão da fraqueza militar e econômica após a destruição provocada pela Segunda Guerra Mundial, muitos americanos simplesmente aceleravam esse processo com o maior prazer. Conforme assinalou FDR, "Quando vencermos a guerra, vou me empenhar com todas as forças para que os Estados Unidos não sejam persuadidos a aceitar qualquer plano que promova as ambições imperialistas da França, ou que ajude ou incentive as ambições imperialistas do Império Britânico".[57]

Na aurora da Guerra Fria, americanos como Dean Acheson esperavam criar na Europa um parceiro poderoso contra a União Soviética, e a maioria dos americanos que atingiram a maioridade durante a Guerra Fria sempre viram a Europa, em termos achesonianos, como o bastião essencial da liberdade na luta contra a tirania soviética. Mas sempre houve uma hostilidade desconfiada em ação nas margens da política internacional norte-americana, mesmo durante a Guerra Fria. Quando o presidente Dwight Eisenhower solapou e humilhou a Inglaterra e a França em Suez em 1956, esse foi apenas o mais flagrante dos muitos empenhos americanos para reduzir o poderio da Europa, bem como sua já enfraquecida influência global.

Não obstante, em sua maior parte a ameaça que brotava da União Soviética obrigou os americanos a recalcular sua relação com a segurança européia e, portanto, com os europeus. E, por fim, a mais importante contribuição americana para o isolamen-

---

[57] Citado em Selig Adler, *The Isolationist Impulse: Its Twentieth-Century Reaction* (Nova York, 1957), p.142; Kissinger, *Diplomacy,* p. 396.

to atual da Europa não teve origem em impulsos anti-Europa, mas, em essência, em impulsos pró-Europa. O compromisso com a Europa, e não a hostilidade, levou os Estados Unidos nos anos imediatamente posteriores à guerra a manter forças militares no continente e a criar a OTAN. A presença dos militares americanos na forma de garantia de segurança na Europa foi, conforme pretendia ser, o ingrediente fundamental do início do processo de integração da Europa, para que o "Ocidente" coeso se fortalecesse material e espiritualmente o bastante para enfrentar o assustador desafio do que prometia ser um confronto difícil com a União Soviética durante a Guerra Fria.

A evolução da Europa rumo à sua situação atual ocorreu sob a proteção da garantia americana de segurança e não teria acontecido sem ela. Além de passar mais de cinqüenta anos oferecendo um escudo contra ameaças externas como a União Soviética, também protegia contra as ameaças internas dos conflitos étnicos em locais como os Bálcãs. O mais importante é que os Estados Unidos eram o segredo da solução do "problema alemão" e talvez ainda sejam. O alemão Fischer, em seu discurso na Universidade Humboldt, salientou duas "decisões históricas" que viabilizaram a nova Europa: "A decisão dos Estados Unidos de permanecer na Europa" e "o compromisso da França e da Alemanha com o princípio da integração, a começar pelos laços econômicos". Porém, é claro que este último fato não teria ocorrido sem o primeiro. A disposição da França de arriscar a reintegração da Alemanha à Europa – e a França estava, no mínimo, muito desconfiada – dependia da promessa do envolvimento norte-americano ininterrupto na Europa, como garantia contra o ressurgimento do militarismo alemão. Nem os alemães deixavam de saber que seu próprio futuro na Europa dependia da presença tranqüilizadora das Forças Armadas americanas.

A situação atual abunda em ironias. A rejeição européia da política do poder e suas Forças Armadas em processo de desvalorização no papel de instrumento das relações internacionais, depende da presença militar dos Estados Unidos no solo europeu. A nova ordem kantiana da Europa só poderia florescer sob a proteção do poder americano, exercido segundo as leis da nova ordem hobbesiana. O poder americano viabilizou a convicção européia de que o poder já não era mais importante. E, agora, na última ironia, o fato de que o poderio militar norte-americano resolveu o problema europeu, principalmente o "problema alemão", permite que os europeus de hoje, em especial os alemães, acreditem que o poderio militar norte-americano, bem como a "cultura estratégica" que gerou e sustentou, é antiquado e perigoso.

A maioria dos europeus não percebem, ou não querem perceber, o grande paradoxo: que sua passagem à pós-história dependeu do fato de os Estados Unidos não fazerem tal passagem. Por não ter disposição nem capacidade de proteger seu próprio paraíso e impedir que seja invadido, tanto espiritual quanto fisicamente, por um mundo que ainda não adotou a lei da "consciência moral", a Europa tornou-se dependente da disposição americana de usar seu poderio militar para conter e derrotar aqueles que, ao redor do mundo, ainda são partidários da política do poder.

Alguns europeus compreendem o enigma. Os ingleses, o que não é de surpreender, o compreendem melhor. Robert Cooper escreve acerca da necessidade de lidar com a dura verdade de que, embora "dentro do mundo pós-moderno [isto é, a Europa atual], não haja ameaças à segurança no sentido tradicional", não obstante, em todo o resto do mundo – que Cooper chama de "zonas modernas e pré-modernas" – há uma abundância de ameaças. Se o mundo pós-moderno não se proteger, pode ser destruído. Mas como a Europa se protege sem descartar os próprios ideais e princípios que fundamentam seu sistema pacífico?

"O desafio do mundo pós-moderno", afirma Cooper, "é acostumar-se com a idéia de dois pesos e duas medidas." Entre si, os europeus podem "funcionar com base em leis e segurança cooperativa aberta". Mas, no trato com o mundo exterior à Europa, "precisamos retornar aos métodos mais brutos de uma era anterior – força, ataque preventivo, artifícios, tudo o que for necessário". Este é o princípio de Cooper para salvaguardar a sociedade: "Entre nós, cumprimos a lei, mas, quando estamos trabalhando na selva, também precisamos de obedecer às leis da selva." Cooper dirige sua argumentação à Europa, e a acopla a um convite aos europeus para que parem de menosprezar suas defesas, "tanto físicas quanto psicológicas".[58]

Cooper também já foi conselheiro íntimo de Tony Blair, e parece claro que Blair, talvez muito mais que os adeptos de seu Partido Trabalhista, endossou a idéia de dois pesos e duas medidas no tocante ao poder internacional. Tentou levar a Inglaterra ao mundo kantiano fundamentado no direito da União Européia. Porém, como demonstrou sua solidariedade ao presidente Bush na questão do Iraque, Blair também tentou levar a Europa de volta ao mundo hobbesiano, onde o poderio militar continua sendo característica essencial das relações internacionais.

Mas a tentativa de Blair de fazer com que a Europa o acompanhasse praticamente não tem tido êxito. Schroeder lidera sua nação "à maneira alemã" e a França, mesmo na situação mais conservadora do gaullismo de Jacques Chirac, tem sido a parceira mais resistente dos Estados Unidos, mais

---

[58] Cooper, *The Observer*, 7 de abril de 2002.

decidida a deter o poder americano do que em complementá-lo com o poder da França.

Suspeita-se de que Cooper não descreveu, na verdade, o futuro da Europa, mas o presente dos Estados Unidos, pois são estes que realizam a difícil tarefa de navegar entre esses dois mundos, tentando cumprir, defender e promover as leis da sociedade civilizada avançada, ao mesmo tempo que emprega as Forças Armadas contra aqueles que se recusam a obedecer a tais leis. Os Estados Unidos já estão operando segundo os dois pesos e as duas medidas de Cooper, pelos mesmos motivos que ele indica. Os líderes americanos também acreditam que a segurança global e a ordem liberal – bem como o paraíso europeu "pós-moderno" – não sobreviverão muito tempo, a menos que os Estados Unidos usem seu poder no perigoso mundo hobbesiano que ainda floresce fora da Europa.

Isso significa que, embora tenham tido um papel fundamental ao ajudar a Europa a ingressar nesse paraíso kantiano, e ainda tenham papel essencial na viabilização desse paraíso, os Estados Unidos não podem ingressar nesse paraíso. Fornecem a mão-de-obra que resguarda seus muros, mas não podem atravessar o portão. Os Estados Unidos, com todo o seu imenso poder, continuam presos à história, tendo de lidar com os Saddams e os aiatolás, com os Kim Jong Ils e os Jiang Zemins, deixando para outros a maioria dos benefícios.

AINDA SE TRATA DO "OCIDENTE"?

Se essa organização internacional em evolução continuar a produzir uma tendência americana maior rumo ao unilateralismo nos assuntos internacionais, não deve surpreender nenhum observador objetivo. Em troca pela guarnição dos muros da ordem européia pós-moderna, os Estados Unidos naturalmente desejam certa liberdade de ação para lidar com os perigos estratégicos cujos meios e, às vezes, disposição para enfrentar só eles têm. É claro que esse é o grande problema das relações entre os Estados Unidos e a Europa, pois, exatamente no momento em que os europeus, libertos dos temores e das restrições da Guerra Fria, começaram a se acomodar em seu paraíso pós-moderno e fazer o proselitismo de suas doutrinas do direito internacional e das instituições internacionais, os americanos começaram a voltar-se para a outra direção, para longe da solidariedade em comum com a Europa que fora o tema principal da Guerra Fria e retornar a uma política norte-americana mais tradicional de independência, rumo à sua forma exclusiva de nacionalismo universalista.

O fim da Guerra Fria teve impacto ainda mais profundo sobre as relações transatlânticas do que comumente se percebe, pois o inimigo soviético em comum e a conseqüente necessidade de agir em conjunto para a defesa em comum não foram tudo o que desapareceu após 1989. Também desapareceu uma grandiosa estratégia comum a ambos os lados do Atlântico de preservar e fortalecer a coesão e a unidade do que se chamava "Ocidente". Os Estados Unidos e a Europa não tinham apenas trabalhado juntos para enfrentar o desafio soviético. Mais que isso, essa unidade e esse êxito contínuos da ordem liberal ocidental foi, durante muitos anos, a própria definição de vitória na Guerra Fria.

Também por esse motivo, a estratégia norte-americana durante a Guerra Fria que consistia em sempre fornecer mais aos amigos e aos aliados do que se esperava deles em troca. Em medida notável, os governos americanos não avaliavam o êxito de sua política internacional por meio de cálculo estrito de seus interesses nacionais, mas, pelo contrário, por meio de como seus aliados se saíam contra os muitos desafios internos e externos que enfrentavam. Assim, a estratégia econômica americana era fazer ressurgir das ruínas da Segunda Guerra Mundial os fortes concorrentes na Europa e na Ásia, chegando ao ponto em que, nas últimas décadas da Guerra Fria, os Estados Unidos pareciam para muitos estar num estado de relativo declínio em comparação com seus aliados cada vez mais prósperos. Era estratégia militar americana correr o risco de um ataque nuclear em seu território, que em outras circunstâncias não correria ameaças, para impedir ataques nucleares e convencionais aos aliados europeus e asiáticos. Quando se analisa a inexistência de garantias fidedignas semelhantes entre as diversas potências da Europa no passado, digamos, Inglaterra e França nas décadas de 1920 e 1930, foi extraordinária a disposição dos Estados Unidos – em relativa segurança por trás de dois oceanos – de ligar sua própria sobrevivência à de outras nações.

A "generosidade" estratégica e econômica dos Estados Unidos, se é possível chamá-la de generosidade, tinha, é claro, ligações íntimas com seus interesses. Conforme Acheson afirmou, "para os Estados Unidos, tomar providências para fortalecer os países ameaçados por agressão soviética ou subversão comunista [...] era proteger a segurança dos Estados Unidos – era proteger a própria liberdade".[59] Mas essa identificação dos interesses alheios com seus próprios interesses era uma qualidade notável da política internacional e de defesa dos Estados Unidos após a Segunda Guerra Mundial. Depois de Munique, depois de Pearl Harbor e depois do início da Guerra Fria, os

---

[59] Citado em Kissinger, *Diplomacy*, p. 452.

Estados Unidos adotaram cada vez mais a convicção de que seu próprio bem-estar dependia essencialmente do bem-estar dos outros países, que a prosperidade americana não poderia existir na ausência de prosperidade global, que a segurança nacional dos Estados Unidos era impossível sem segurança internacional abrangente. Era uma doutrina de interesse próprio, mas foi o mais esclarecido tipo de interesse próprio – chegando ao ponto de, algumas vezes, tornar-se quase indiscernível do idealismo.

Quase, mas jamais totalmente. O idealismo jamais foi a única fonte da generosidade ou da inclinação americana de procurar trabalhar em conjunto com seus aliados. O multilateralismo americano da Guerra Fria era mais pragmático do que idealista em suas motivações. Afinal, "trabalhar sozinho" após 1945 significava trabalhar sozinho contra a União Soviética. Ficar sozinho significava fragmentar o Ocidente. Nem era concebível, com as tropas soviéticas acumuladas no coração da Europa, que qualquer política internacional norte-americana tivesse êxito se não fosse "multilateral" na inclusão dos interesses da Europa Ocidental. Por outro lado, o multilateralismo idealista genuíno já estava morto e enterrado para a maioria dos americanos, juntamente com Wilson e o Pacto da Liga das Nações. Dean Acheson, junto com os principais arquitetos da ordem internacional pós-guerra, considerava "impraticável" a Carta das Nações Unidas e a própria ONU, um exemplo da equivocada fé wilsoniana "na possibilidade de aperfeiçoamento do ser humano e no advento da paz e do direito universais".[60] Ele e a maioria dos outros presentes na criação da ordem pós-guerra eram idealistas, mas eram idealistas pragmá-

---

[60] Citado em James Chace, *Acheson: The Secretary of State Who Created the American World* (Nova York, 1998), p.107.

ticos. Acreditavam que era essencial apresentar uma frente comum ocidental ao bloco comunista e, se isso significasse engolir o que Acheson tachava de "sagrada escritura" da Carta das Nações Unidas, estavam dispostos a entrar no jogo. Na opinião de Acheson, o apoio à ONU era nada mais que "um auxílio à diplomacia".[61] Isso é importante, porque muitos aspectos do comportamento americano durante a Guerra Fria, que tanto os europeus quanto muitos americanos hoje acham tão admiráveis, e cujo fim tanto lamentam, representavam concessões feitas à causa da unidade do Ocidente.

Nem sempre foi fácil manter essa unidade. A hostilidade americana à independência determinada de de Gaulle, a desconfiança americana do imperialismo inglês, as discussões acerca dos debates estratégicos da Ostpolitik alemã com relação aos acordos a respeito da acumulação de armamentos, em especial durante a administração Reagan, tudo isso ameaçava abrir feridas na aliança. Mas as feridas eram sempre curadas, pois todos concordavam com o fato de que, embora as discordâncias fossem inevitáveis, as fendas eram perigosas. Se "o Ocidente" se dividisse, cairia. O perigo não era só estratégico, mas ideológico, e até psicológico. "O Ocidente" tinha de significar algo, caso contrário, o que estávamos defendendo? E, naturalmente, durante a Guerra Fria, "o Ocidente" significava algo mesmo. Era a opção liberal, democrática, de uma vasto setor da humanidade, em oposição à alternativa que existia do outro lado do Muro de Berlim.

Essa forte necessidade ideológica, estratégica e psicológica de demonstrar que existia, de fato, um Ocidente coeso, unificado, se desmoronou junto com o Muro de Berlim e as estátuas de Lenin em Moscou. A perda ficou parcialmente masca-

---

[61] *Ibid.*, p. 108.

rada durante a década de 1990. Muitos consideraram as lutas na Bósnia e no Kosovo um novo teste para o Ocidente. A ampliação da OTAN, com a entrada das nações do antigo Pacto de Varsóvia, foi uma reunião de povos que tinham sido energicamente excluídos do Ocidente e queriam voltar a fazer parte dele. Para esses povos, além de organização única ou, em essência, voltada para a segurança, a OTAN era a primeira e única instituição que continha o Ocidente transatlântico. A ONU não era, decerto, "o Ocidente".

Mas o próprio êxito do projeto transatlântico, a solução do dilema da segurança européia, a solução do problema alemão, a consolidação de uma Europa "integral e livre", a resolução dos conflitos dos Bálcãs, a criação de uma zona razoavelmente estável de paz e democracia no continente europeu – tudo isso realizações grandiosas e antes inimagináveis – tiveram como conseqüência inevitável diminuir a importância do "Ocidente". O Ocidente não deixara de existir. Nem deixara de enfrentar inimigos, pois o fundamentalismo islâmico militante é certamente um inimigo implacável do Ocidente. Mas a questão principal do famoso livro de Francis Fukuyama, *O fim da história*, era irrefutável: a luta de séculos entre concepções opostas de como a humanidade devia governar-se fora decididamente resolvida a favor do ideal liberal ocidental. O fundamentalismo islâmico poderia ter seus adeptos nas partes do mundo onde predominam os muçulmanos. Também não podemos mais duvidar de sua capacidade de infligir danos horrendos ao Ocidente. Porém, conforme Fukuyama e outros indicaram, o fundamentalismo islâmico não apresenta grave ameaça aos princípios universais do liberalismo ocidental. A existência do fundamentalismo islâmico pode obrigar os americanos e os europeus a se defender de ataques devastadores, e até à cooperação no fornecimento de defesas mútuas. Não obriga, porém, "o Ocidente" a provar que é unificado e coeso, como fizera o comunismo soviético.

Com menos a preservar e para demonstrar a existência de um "Ocidente" coeso, era inevitável que a generosidade que caracterizara a política internacional dos Estados Unidos durante cinqüenta anos diminuísse após o fim da Guerra Fria. Talvez seja algo a lamentar, mas não é de causar surpresa. A existência da União Soviética e da ameaça comunista internacional havia disciplinado os americanos e os fizera ver que o interesse próprio esclarecido estava numa política internacional relativamente generosa, em especial com relação à Europa. Após o fim da Guerra Fria, essa disciplina não estava mais presente. O fim da Guerra Fria de repente alterou a velha equação entre idealismo e interesse próprio. De fato, os que censuram o declínio da generosidade americana na era pós-Guerra Fria devem, pelo menos, haver-se com a lógica desse declínio. Já que os americanos tinham menos interesses objetivos numa política internacional caracterizada pela generosidade, para que os Estados Unidos mantivessem o mesmo grau de generosidade em sua política internacional que paralisaram durante a Guerra Fria, o mesmo compromisso com as instituições internacionais, o mesmo interesse e o mesmo respeito pelos aliados, o povo americano teria de tornar-se ainda mais idealista.

De fato, os americanos não são mais nem menos idealistas do que há cinqüenta anos. O que mudou foi a realidade objetiva, e não o caráter do povo. Foram as circunstâncias internacionais modificadas após a Guerra Fria que abriram caminho para as forças políticas do Congresso, principal embora não exclusivamente Republicanas, que pretendiam alterar a redação de antigos acordos multilaterais e derrubar os novos, libertar os Estados Unidos de obrigações assumidas em tratados, então considerados onerosos ou invasores demais da soberania norte-americana. A novidade não era a existência de tais forças e opiniões, pois sempre estiveram presentes na política dos Estados Unidos. Tinham dominado a política americana durante as décadas de 1920 e 1930, período inaugurado por um presidente Republicano que prometia um "retorno à normalidade" após o ambicioso idealismo do governo de Wilson. Mas, durante a Guerra Fria, e especialmente durante os anos dominados pelos presidentes Republicanos, de Nixon a Reagan, a grandiosa estratégia anticomunista sufocou tais sentimentos estritamente nacionalistas e forjou preocupações com a soberania.

A virada dos Estados Unidos pós-Guerra Fria rumo a uma política internacional mais nacionalista também não foi mero produto de uma direita Republicana em ascensão. Os teóricos e os estrategistas realistas das relações internacionais, a força intelectual predominante na política internacional americana, também pressionaram os Estados Unidos a voltar ao rumo de um nacionalismo mais estrito. Criticaram o que Michael Mandelbaum celebrizou como "trabalho social internacional", supostamente realizado pela administração Clinton na Bósnia e no Haiti. Queriam muito que os Estados Unidos voltassem a concentrar-se mais nos "interesses nacionais", então mais bem-definidos do que durante a Guerra Fria. Os realistas americanos, de Brent Scowcroft, passando por Colin Powell e James Baker a Lawrence Eagleburger, não acreditavam que os Estados Unidos devessem assumir o ônus de resolver a crise dos Bálcãs ou outras crises "humanitárias" ao redor do mundo. A Guerra Fria terminara, argumentavam, e era, portanto, possível que a política internacional "voltasse ao normal".

A "normalidade" pós-Guerra Fria, contudo, significava menos concessões à opinião pública internacional, menos respeito pelos aliados, mais liberdade para agir como os Estados Unidos achassem conveniente. Esses realistas deram legitimidade intelectual às forças do Congresso que uniram o assunto do "interesse nacional" aos pedidos de diminuição de envolvimentos de todos os tipos no exterior. Se o "interesse nacional" devia ser estritamente definido, perguntavam muitos Republicanos, por que ainda era "interesse nacional" que os Estados Unidos pagassem seus comparativamente exorbitantes tributos à ONU? A causa que teria sido mais fácil defender, quando a preservação da unidade ocidental contra o comunismo era a meta da política internacional americana, se tornara, então, mais difícil de defender na ausência de tal definição abrangente e esclarecida de "interesse nacional" americano.

Nem a administração Clinton, mais idealista e, talvez ironicamente, mais ligada à política internacional de generosidade da Guerra Fria do que os realistas e os Republicanos, conseguiu, porém, escapar da nova realidade pós-Guerra Fria. Foi Clinton, afinal, que concorreu à presidência em 1992 com base numa plataforma segundo a qual a economia americana era importante, e a política internacional não era. Clinton só entrou em ação para tentar reparar "o Ocidente" depois de tentar desesperadamente não assumir tal responsabilidade. Quando a administração de George W. Bush assumiu o governo em janeiro de 2001, trazendo consigo o nacionalismo realista do republicanismo da década de 1990, "o Ocidente", no sentido de conceito funcional na política internacional norte-americana estava dormente. Quando os terroristas atacaram os Estados Unidos oito meses depois, a equação da Guerra Fria estava totalmente invertida. Naquele momento, com a chegada da ameaça ao solo americano, desprezando o dos aliados, o problema primordial era o sofrimento e a vulnerabilidade exclusivos dos Estados Unidos, e não do "Ocidente".

A importância em declínio do "Ocidente" no sentido de princípio organizador da política internacional, porém, não era fenômeno apenas americano. A Europa pós-Guerra Fria concordava que a questão não era mais "o Ocidente". Na opinião dos europeus, a questão se tornara "a Europa". Provar que existia uma Europa unida tinha prioridade sobre provar que havia um Ocidente unido. O "nacionalismo" europeu imitava o nacionalismo americano e, embora não fosse essa a intenção da Europa, pode-se atribuir a atual lacuna entre os Estados Unidos e a Europa, em parte, à decisão européia de se tornar entidade única separada dos Estados Unidos.

Isso gravou na cabeça dos americanos que a meta transatlântica não era mais um Ocidente unificado; os próprios europeus já não pensavam assim. Pelo contrário, falavam da "Europa" como outro pólo em um mundo multipolar – um contrapeso para os Estados Unidos. A Europa definiria sua própria política internacional e "identidade" de defesa independentes, fora da OTAN. As instituições que os europeus respeitavam eram a União Européia e a ONU. Para os americanos, porém, bem como para os europeus centrais e orientais, a ONU não era "o Ocidente" e a União Européia não era "o Ocidente". Só a OTAN era "o Ocidente", e os europeus estavam, então, criando uma alternativa à OTAN. Tudo o que os europeus estavam fazendo tinha sentido, da perspectiva européia, e o projeto de integração da Europa era objetivamente vantajoso para os Estados Unidos, pelo menos à medida que fortalecia a paz. Nem era intenção da maioria dos europeus desacatar os Estados Unidos, muito menos a idéia do "Ocidente". Porém, era surpreendente que os americanos não mais dessem alta prioridade à unidade do Ocidente e à coesão da aliança de outrora? Os europeus tinham mergulhado num projeto trabalhosíssimo no qual os Estados Unidos, por definição, não podiam participar. Os Estados Unidos, entrementes, têm projetos próprios.

O AJUSTE À HEGEMONIA

Os Estados Unidos não mudaram em 11 de setembro. Apenas passaram a ser mais autênticos. Nem deveria haver mistério com relação ao rumo tomado pelo país, e que percorreu, não só no ano passado ou na década passada, mas durante a maior parte das últimas seis décadas e, pode-se até dizer, durante a maior parte dos últimos quatro séculos. É fato concreto que os americanos vêm ampliando seu poder e sua influência em arcos cada vez mais amplos desde antes de sua própria independência. A hegemonia que os Estados Unidos instituíram no Ocidente no século XIX tem sido característica permanente da política internacional desde então. A expansão da abrangência estratégica dos Estados Unidos na Europa e no Leste asiático, que acompanhou a Segunda Guerra Mundial jamais se contraiu. Na verdade, é de certa forma notável perceber que, mais de cinqüenta anos após o fim daquela guerra – período que testemunhou a transformação completa dos inimigos, Japão e Alemanha, em amigos estimados e aliados – e mais de uma década após a Guerra Fria – que terminou em outra transformação impressionante de um inimigo derrotado – os Estados Unidos, não obstante, continuam, e pretendem claramente continuar, sendo a força estratégica predominante tanto no Leste asiático quanto na Europa. O fim da Guerra Fria foi interpretado pelos norte-americanos como oportunidade não de se contrair, mas de expandir sua abrangência, expandir a aliança que lideravam rumo ao Leste, rumo à Rússia, de fortalecer suas relações entre as potências cada vez mais democráticas do Leste asiático, de demarcar interesses em partes do mundo, como a Ásia Central, que a maioria dos americanos nunca soube antes que existia.

O mito da tradição "isolacionista" dos Estados Unidos é notavelmente resistente. Mas é mito. A expansão de território e influência tem sido a realidade inescapável da história dos Estados Unidos, e não tem sido uma expansão inconsciente. A ambição de desempenhar um papel grandioso no palco mundial tem raízes profundas na personalidade americana. Desde a independência, e mesmo antes, os americanos que discordavam sobre muitas coisas, sempre tiveram a convicção em comum de que sua nação tinha um destino grandioso. Mesmo enquanto ainda eram um conjunto fraco de colônias pouco unidas e espalhadas pelo litoral do Atlântico, ameaçadas por todos os lados pelos impérios europeus, e regiões ainda não desbravadas, os Estados Unidos já despontavam para seus líderes como um "Hércules no berço", "embrião de um grande império". Para a geração dos primórdios da República, para Washington, Hamilton, Franklin e Jefferson, nada era mais certo do que o continente norte-americano vir a ser subjugado, que a riqueza e a população americanas cresceriam, e que a jovem República um dia dominaria o Hemisfério Ocidental e teria seu lugar entre as grandes potências mundiais. Jefferson previu a implantação de um vasto "império da liberdade". Hamilton acreditava que os Estados Unidos iriam "em breve assumir um comportamento correspondente a seus grandes destinos – majestoso, eficiente e realizador de grandes feitos. Há uma nobre carreira à sua frente".[62]

Para aquelas primeiras gerações de americanos, a promessa de grandeza nacional não era simples esperança consoladora, mas parte integrante da identidade nacional, entrelaçada de

---
[62] Citado em Stourzh, *Alexander Hamilton*, p.195.

maneira inextricável com a ideologia nacional. Os Estados Unidos devem tornar-se uma grande potência, e talvez a maior potência, acreditavam, bem como muitas gerações subseqüentes de norte-americanos, porque os princípios e os ideais sobre os quais o país se fundara eram inquestionavelmente superiores – não só aos das monarquias corruptas da Europa dos séculos XVIII e XIX, mas às idéias que haviam formado nações e governos ao longo de toda a história humana. A prova da importância transcendental do experimento americano não se encontraria apenas na perfeição perene de suas instituições nacionais, mas também na disseminação da influência americana pelo mundo. Portanto, os americanos sempre foram internacionalistas, mas seu internacionalismo sempre foi subproduto de seu nacionalismo. Quando eles procuraram legitimidade para seus atos no exterior, não a procuraram em instituições supranacionais, mas em seus próprios princípios. É por isso que sempre foi tão fácil para tantos americanos acreditar, como muitos ainda crêem hoje, que, ao promover seus próprios interesses, promovem os interesses da humanidade. Conforme afirmara Benjamin Franklin, a causa dos Estados Unidos "é a causa de toda a humanidade".[63]

Essa visão persistente do papel excepcional de sua nação na história, sua convicção de que seus interesses e os interesses do mundo são idênticos, pode ser bem recebida, ridicularizada ou lamentada. Não se deve duvidar dela. E, assim como há poucos motivos para se esperar que a Europa altere seu curso fundamental, há poucos motivos para se acreditar que os Estados Unidos vão alterar o próprio curso ou começar a se comportar no mundo de maneira radicalmente diferente. Na

---

[63] Citado em Edward Handler, *America and Europa in the Political Thought of John Adams* (Cambridge, MA, 1964), p.102.

ausência de alguma catástrofe imprevista – não uma derrota no Iraque ou "outro Vietnã", mas uma calamidade militar ou econômica grande o bastante para destruir as próprias fontes do poder americano – é razoável presumir que acabamos de ingressar numa longa era de hegemonia americana. As tendências demográficas demonstram que a população americana está crescendo mais depressa e se tornando mais jovem, ao passo que a população européia está em declínio e envelhecimento constantes. Segundo *The Economist*, se persistirem as tendências atuais, a economia americana, hoje mais ou menos do mesmo porte da economia européia, pode tornar-se mais que duas vezes maior que a européia até 2050. Hoje a média etária dos americanos é de 35,5; na Europa, é de 37,7. Até 2050, a média americana será de 36,2. Na Europa, se persistirem as tendências atuais, ela será de 52,7. Isso significa, entre outras coisas, que o fardo financeiro de cuidar dos dependentes idosos aumentará muito mais na Europa do que nos Estados Unidos. E significa que os europeus terão ainda menos dinheiro para gastar na defesa nos anos e nas décadas vindouras do que têm hoje. Segundo *The Economist*, "Parece provável que a lógica de longo prazo da demografia venha a concentrar o poder dos Estados Unidos e ampliar as desavenças transatlânticas", o que demonstrará um forte "contraste entre uma América jovial, exuberante e multicolorida e uma Europa envelhecida, decrépita e introvertida".[64]

Se o poder relativo dos Estados Unidos não vai diminuir, também é improvável que os americanos mudem de idéia no tocante a como usar o poder. Na verdade, apesar de todas as alterações sísmicas da geopolítica que ocorreram depois de 1941, os americanos têm sido razoavelmente constantes no

---

[64] "Half a Billion Americans?", *The Economist*, 22 de agosto de 2002.

modo de pensar a natureza dos assuntos mundiais e o papel dos Estados Unidos na modelagem do mundo, para que se adapte a seus interesses e ideais. O documento que instituiu a Guerra Fria, o "Long Telegram" de Kennan, definiu de maneira brutal a perspectiva predominante da cultura estratégica dos Estados Unidos pós-guerra: a União Soviética era "impermeável à lógica da razão", escreveu Kennan, mas seria "sensibilíssima à lógica da força".[65] Um bom democrata liberal, como Clark Clifford, concordava com o fato de que a "linguagem das Forças Armadas" era a única linguagem que os soviéticos entendiam, e que era preciso considerar o império soviético "uma entidade distinta com a qual o conflito não está predestinado, mas com a qual não se podem perseguir metas em comum".[66] Poucos americanos fariam declaração tão brutal hoje, porém muitos concordariam com tal opinião. No ano passado, grandes maiorias de Democratas e Republicanos, tanto na Câmara quanto no Congresso, concordaram com o fato de que a "linguagem das Forças Armadas" talvez fosse a única que Saddam Hussein entenderia.

Não é que os americanos jamais tenham cortejado o tipo de idealismo internacionalista que hoje invade a Europa. Na primeira metade do século XX, eles travaram a guerra wilsoniana "para acabar com todas as guerras, à qual se seguiu, uma década depois, por um Secretário de Estado que assinou um tratado que tornava ilícita a guerra. Na década de 1930, Franklin Roosevelt pôs fé em pactos de não-agressão e simplesmente apresentou a Hitler uma lista de países, pedindo-lhe que prometesse não atacá-los. Mesmo depois do congresso de Yalta de 1945, um FDR moribundo foi capaz de proclamar "o fim do sistema de atos unilaterais, das alianças exclusivas, das esferas

---

[65] Citado em Chace, *Acheson*, p. 150.
[66] Citado em *ibid.*, p.157.

de influência, dos equilíbrios de poderes" e promover em seu lugar "uma organização na qual todas as nações amantes da paz finalmente terão a oportunidade de se reunir [...] numa estrutura permanente de paz".[67] Mas Roosevelt não tinha mais confiança total nessa possibilidade. Depois de Munique e Pearl Harbor, e, depois, após um momento fugaz de idealismo, o mergulho na Guerra Fria, a "lógica da força" de Kennan, se tornou o pressuposto funcional da estratégia americana. Acheson falava de criar "situações de força" ao redor do mundo. A "lição de Munique" passou a dominar o pensamento estratégico americano e, embora tenha sido suplantado durante um breve momento pela "lição do Vietnã", hoje continua sendo o paradigma predominante. Embora um pequeno setor da elite americana ainda anseie pelo "governo global" e evite a força militar, os americanos, de Madeleine Albright a Donald Rumsfeld, de Brent Scowcroft a Anthony Lake, ainda se lembram de Munique, de maneira figurativa, se não literal. E para as gerações mais jovens de americanos que não se lembram de Munique nem de Pearl Harbor, existe agora o 11 de setembro.

Uma das coisas que separa com mais clareza a Europa dos Estados Unidos de hoje é uma discordância filosófica, que chega a ser metafísica, no tocante ao ponto exato em que se encontra a humanidade na sucessão entre as leis da selva e as leis da razão. Os americanos não acreditam que estejamos tão próximos da realização do sonho kantiano quanto os europeus.

Então, para onde vamos? Repito que não é difícil perceber para onde vão os Estados Unidos. Os ataques de 11 de setembro incentivaram e aceleraram, mas não alteraram a essência do rumo em que já se encontravam os Estados Unidos. Decerto não alteraram, mas apenas fortaleceram as opiniões ameri-

---

[67] Citado em Kissinger, *Diplomacy*, p. 416.

canas no tocante ao poder. Recordemos que, antes do 11 de setembro, os sucessores de Acheson ainda estavam, embora de maneira um tanto confusa, criando "situações de força" ao redor do mundo. Antes do 11 de setembro, e, de fato, mesmo antes da eleição de George W. Bush, os pensadores estratégicos norte-americanos e os planejadores do Pentágono já se voltavam para os próximos desafios estratégicos que pareciam ter probabilidade de surgir. Um desses desafios era o Iraque. Durante o governo de Bill Clinton, o Congresso havia aprovado, quase por unanimidade, uma lei que autorizava apoio militar e financeiro às forças de oposição ao Iraque, e a segunda administração Bush estava analisando planos para desestabilizar o Iraque antes dos ataques terroristas em 11 de setembro. A administração Clinton também plantou os alicerces de um novo sistema de defesa contra mísseis balísticos para defender-se de Estados delinqüentes como o Iraque, o Irã e a Coréia do Norte. Se Al Gore tivesse sido eleito, e não tivesse havido ataques terroristas em 11 de setembro, esses programas, diretamente destinados ao "eixo do mal" de Bush – ainda estariam em andamento.

Antes do 11 de setembro, os americanos estavam aumentando, e não diminuindo, seu poderio militar. Na campanha das eleições de 2000, tanto Bush quanto Gore prometeram aumentar os gastos com a defesa, não em reação a qualquer ameaça específica, mas só à percepção geral de que o orçamento da defesa americana – então se aproximando dos US$300 bilhões por ano – era inadequado para atender às necessidades estratégicas do país. Os líderes civis e militares dos Estados Unidos, dentro e fora do Pentágono, foram conquistados pela necessidades de modernizar as forças americanas, de aproveitar-se do que era e ainda é considerado uma "revolução nos assuntos militares" que poderia alterar a própria natureza do modo como se travam as guerras. Por trás desse entusiasmo, havia a preocupação genuína de que, se os Estados Unidos não fizesse os investimentos necessários em transformações tecnológicas, suas forças, sua segurança e a segurança mundial correriam riscos no futuro. Antes do 11 de setembro, a comunidade estratégica americana começara a concentrar a atenção na China. Poucos acreditavam que uma guerra contra a China fosse provável no futuro próximo – a não ser em conseqüência de alguma crise com relação a Taiwan – mas muitos acreditavam que seria cada vez mais provável um confronto com a China nas duas décadas vindouras, com o aumento das capacidades militares e da ambição geopolítica desse país. Essa preocupação com a China foi uma das forças motrizes das exigências de modernização tecnológica das Forças Armadas americanas; foi, tranqüilamente, um dos motivos da pressão para a realização dos novos programas de defesa contra mísseis; e, em sentido amplo, já se tornara princípio organizador do planejamento estratégico norte-americano. A idéia de ser a China o próximo grande desafio estratégico invadiu o Pentágono de Clinton, e recebeu sanção oficial do presidente Bush quando ele declarou com precisão, antes e depois da eleição, que a China não era parceira estratégica, mas concorrente estratégica dos Estados Unidos.

Quando a administração Bush publicou sua nova Estratégia de Segurança Nacional, em setembro de 2002, o arrojo da estratégia dos Estados Unidos tirou o fôlego de muitos europeus, e até de alguns americanos. A nova estratégia foi encarada como reação ao 11 de setembro, e talvez, na cabeça dos que a redigiram, tenha sido. Mas o que há de marcante nesse documento é que, afora algumas menções à idéia de "precaução", que nem era novidade, a "nova" estratégia da administração Bush era pouco mais que o endosso das políticas americanas, muitas delas oriundas de cinqüenta anos atrás. A estratégia de Bush não falava nada da promoção da democracia no exterior que não tivesse sido dito, pelo menos com igual fervor, por Harry Truman, John F. Kennedy ou Ronald Reagan. A declaração da intenção americana de continuar sendo a força militar predominante, e de permanecer forte o bastante para desestimular qualquer outra potência de desafiar o predomínio americano, era mera expressão pública do que fora premissa tácita do planejamento estratégico dos Estados Unidos – se não dos gastos com a defesa e da capacidade militar – desde o fim da Guerra Fria.

As políticas das administrações Clinton e Bush, bem ou mal elaboradas, baseavam-se, não obstante, em um pressuposto comum e nitidamente americano – ou seja, os Estados Unidos no papel de "país indispensável". Os americanos procuram defender e promover a ordem liberal internacional. Mas a única ordem internacional estável e bem-sucedida que eles conseguem imaginar é aquela que tem os Estados Unidos no centro. Nem eles conseguem conceber uma ordem internacional que não seja defendida pelo poder e, especificamente, pelo poder dos Estados Unidos. Se isso é arrogância, pelo menos não é uma arrogância nova. Certa feita, Henry Kissinger perguntou ao idoso Harry Truman por qual fato ele gostaria de ser lembrado. Truman respondeu: "Derrotamos completamente nossos inimigos e os obrigamos a se renderem. Depois, nós os ajudamos a se recuperarem, a tornarem-se democráticos e a voltarem a participar da comunidade das nações. Só os Estados Unidos poderiam ter feito isso."[68] Até os realistas americanos mais teimosos ficam piegas ao contemplar o que Reinhold Niebuhr uma vez chamou de "responsabilidade" dos Estados Unidos de "resolver [...] o problema do mundo". George Kennan, ao defi-

---

[68] Citado em Kissinger, *Diplomacy*, p. 425.

nir sua doutrina de restrições – que previa ser uma estratégia dificílima para uma democracia sustentar – encarava a doutrina, porém, como "um teste do valor geral dos Estados Unidos como nação entre nações". Ele até sugeriu que os americanos expressassem sua "gratidão à Providência, que, ao [lhes] proporcionar esse desafio implacável, fez toda sua segurança nacional depender de sua união e da aceitação das responsabilidades da liderança moral e política que a história, com toda clareza, queria que assumissem".[69]

Os norte-americanos são idealistas. Em alguns assuntos, talvez sejam mais idealistas que os europeus. Mas não têm experiência de promoção suficiente dos ideais sem o poder. Decerto não têm experiência de governo supranacional bem-sucedido, o que é pouco para que depositem toda sua fé no direito internacional e nas instituições internacionais, por mais que possam desejar; e muito menos deixá-los viajar, com os europeus, para além do poder. Os Estados Unidos, como todo bom filho do Iluminismo, ainda acreditam na possibilidade de perfeição humana, e mantêm a esperança da possibilidade de perfeição do mundo. Mas continuam realistas no sentido limitado de que ainda crêem na necessidade do poder num mundo que permanece longe da perfeição. Acreditam ser possível que exista uma lei para regulamentar o comportamento internacional, porque uma potência como os Estados Unidos a defende com a força das armas. Em outras palavras, como afirmam os europeus, os americanos podem, às vezes, considerar-se heróicos – como Gary Cooper em *Matar ou morrer*. Defendem os conterrâneos, queiram estes ou não.

Hoje, em conseqüência dos ataques terroristas de 11 de setembro, os Estados Unidos se empenham em mais uma

---

[69] X [George F. Kennar], "The Sources of Soviet Conduct", p.169.

expansão de sua abrangência estratégica. Assim como o ataque do Japão a Pearl Harbor, que não devia ter sido surpresa, levou a um papel duradouro dos Estados Unidos no Leste asiático e na Europa, também o 11 de setembro – que os historiadores do futuro sem dúvida explicarão como conseqüência inevitável do envolvimento americano no mundo muçulmano – provavelmente produzirá uma duradoura presença militar dos Estados Unidos no Golfo Pérsico e na Ásia Central, e, talvez, a ocupação de longo prazo de um dos maiores países do mundo árabe. Os Estados Unidos podem surpreender-se ao se ver em tal posição, assim como os americanos da década de 1930 teriam ficado surpresos ao se ver ocupando tanto a Alemanha quanto o Japão, menos de uma década depois. Porém, da perspectiva geral da história dos Estados Unidos, uma história marcada pela constante expansão e uma aparentemente inevitável ascensão da perigosa fraqueza à atual hegemonia mundial, essa última expansão do papel estratégico dos Estados Unidos pode não ser tão chocante.

O que tudo isso significa para a relação transatlântica? A Europa poderia seguir a liderança dos Estados Unidos? E se não puder? Será que isso importa?

Uma das respostas a essas questões é que a crise no tocante ao Iraque lançou o problema transatlântico sob a mais áspera das luzes. Quando essa crise se amainar, como acontecerá no decorrer do tempo, as questões de poder que mais afastam os americanos dos europeus talvez se amainem um pouco também; a cultura política em comum e os laços econômicos que unem americanos e europeus virão à tona – até a próxima crise estratégica internacional. Mas talvez a próxima crise não revele discordâncias transatlânticas tão graves quanto a crise do Iraque e do Oriente Médio – região onde os interesses americanos e europeus são grandes, mas onde as diferenças entre norte-americanos e europeus se tornaram especialmente agudas. A próxima crise internacional pode vir do Leste asiático.

Em razão de sua distância da Europa e do menor interesse europeu nessa região, e do fato de que os europeus só poderiam exercer ainda menos poder no Leste asiático do que no Oriente Médio, o que os torna ainda menos importantes para o planejamento estratégico dos Estados Unidos, é possível que uma crise asiática não leve a outro desentendimento transatlântico da magnitude do que estamos vivendo.

Em resumo, embora seja difícil prever o preenchimento da lacuna entre as percepções americana e européia do mundo, essa lacuna pode ser mais administrável do que hoje parece. Não é preciso haver nenhum "choque de civilizações" dentro do que se chamava "o Ocidente". A tarefa, tanto para europeus quanto para americanos, é reajustar-se à nova realidade da hegemonia norte-americana. E, talvez, como os psiquiatras gostam de afirmar, o primeiro passo para resolver esse problema é entendê-lo e reconhecer sua existência.

Decerto os americanos, quando pensam na Europa, não devem perder de vista a questão principal: a nova Europa é, de fato, uma bênção milagrosa e motivo de grande comemoração – em ambos os lados do Atlântico. Para os europeus, é a realização de um sonho longo e improvável: um continente livre de conflitos nacionalistas e rixas sangrentas, da concorrência militar e das corridas armamentistas. A guerra entre as principais potências européias é praticamente inimaginável. Após séculos de sofrimento, não só dos europeus, mas também daqueles que foram arrastados para seus conflitos – como aconteceu duas vezes com os Estados Unidos no século passado – a nova Europa revelou-se um verdadeiro paraíso. É algo a ser protegido, não menos pelos americanos, que derramaram sangue no solo europeu e derramariam ainda mais se a nova

Europa viesse a fracassar. Isso não significa, porém, que os Estados Unidos possam ou devam confiar tanto na Europa no futuro quanto confiaram no passado. Os americanos não devem permitir que a saudade do que podem ter sido as circunstâncias incomuns da Guerra Fria os leve a enganar-se no tocante à natureza de suas relações estratégicas com as potências européias na era pós-Guerra Fria.

Os Estados Unidos podem preparar-se para reagir aos desafios estratégicos ao redor do mundo sem muita ajuda da Europa? A resposta simples é que já o faz. Os Estados Unidos têm mantido a estabilidade estratégica na Ásia sem ajuda nenhuma da Europa. Nas diversas crises do Oriente Médio e do Golfo Pérsico da última década, inclusive a atual, a ajuda européia, mesmo quando oferecida com entusiasmo, tem sido simbólica. Seja qual for o apoio moral e político que a Europa ofereça, pouco tem a oferecer aos Estados Unidos na área da estratégia militar desde o final da Guerra Fria — a não ser, é claro, o bem estratégico mais valioso: uma Europa em paz.

Hoje os Estados Unidos gastam pouco mais de três por cento de seu PIB na defesa. Se os Estados Unidos aumentassem esse valor para quatro por cento — o que significaria um orçamento para a defesa superior a US$500 bilhões por ano — ainda representaria uma percentagem menor da riqueza nacional do que os Estados Unidos gastaram em defesa durante a maior parte dos últimos cinqüenta anos. Até Paul Kennedy, que inventou a expressão "superexpansão imperial" em fins da década de 1980 (quando os Estados Unidos estavam gastando cerca de sete por cento do PIB com a defesa), acredita que os Estados Unidos podem sustentar seus níveis atuais de gastos militares e seu predomínio global atual até um futuro remoto. Os Estados Unidos podem administrar-se, portanto, pelo menos materialmente. Nem se pode argumentar que o povo americano não está disposto a carregar nos ombros esse fardo global, pois já o fizeram durante uma década, e depois de 11 de setembro parecem dispostos a continuar a fazê-lo ainda por muito tempo. É evidente que os americanos não estão ressentidos por não poderem ingressar no mundo "pós-moderno" europeu. Não há indícios de que a maioria dos americanos o desejem. Em parte por serem tão poderosos, orgulham-se do poderio militar da nação e do papel especial de seu país no mundo.

Os riscos dos problemas transatlânticos atuais, então, não estão na disposição nem na capacidade dos Estados Unidos, mas na tensão moral inerente à situação internacional atual. Como é comum acontecer em assuntos humanos, a verdadeira questão diz respeito aos intangíveis – temores, paixões e convicções. O problema é que os Estados Unidos às vezes precisam obedecer às regras do mundo hobbesiano, embora ao fazê-lo transgridam as normas pós-modernas européias. Precisam recusar-se a obedecer a certas convenções internacionais que possam restringir sua capacidade de lutar com eficácia na selva de Robert Cooper. Precisam apoiar o controle de armamentos, mas nem sempre para si. Precisam viver segundo dois pesos e duas medidas. E precisam, ocasionalmente, agir de maneira unilateral, não em razão de paixão pelo unilateralismo, mas só porque, devido a uma fraca Europa que se afastou do poder, os Estados Unidos não têm opção além de agir de maneira unilateral.

Poucos europeus admitem, conforme Cooper o faz de maneira implícita, que tal comportamento americano pode redundar na maior vantagem do mundo civilizado; que o poder dos Estados Unidos, mesmo quando empregado sob dois pesos e duas medidas, pode ser o melhor meio de promover o progresso humano – e talvez o único meio. Conforme Niebuhr escreveu há meio século, o "poder excessivo" dos Estados Unidos, apesar de todos os seus "riscos", proporciona "algumas vantagens reais à comunidade mundial".[70] Pelo contrário, muitos europeus hoje em dia passaram a considerar os próprios Estados Unidos um país fora da lei, um colosso delinquente. O perigo – caso isso seja mesmo perigo – é que os Estados Unidos e a Europa possam vir a se tornar hostis entre si. Os europeus podem tornar-se cada vez mais estridentes nos ataques aos Estados Unidos. Os Estados Unidos podem tornar-se menos dispostos a ouvir, ou talvez até a importar-se com isso. Pode chegar o dia, caso ainda não tenha chegado, em que os americanos talvez não queiram dar mais ouvidos aos pronunciamentos da UE do que dão aos pronunciamentos da ASEAN (Associação das Nações do Sudeste Asiático) e do Pacto Andino.

Para aqueles de nós que chegaram à maioridade durante a Guerra Fria, o desacoplamento estratégico da Europa e dos Estados Unidos parece assustador. De Gaulle, quando se deparou com as idéias de FDR, de um mundo onde a Europa era irrelevante, recuou e afirmou que essas idéias "podiam pôr o mundo ocidental em risco". Se a Europa ocidental devia ser considerada "secundária" pelos Estados Unidos, FDR não iria apenas "enfraquecer a própria causa que ele pretendia defender – a da civilização?" A Europa ocidental, confirmava de Gaulle, era "essencial para o Ocidente. Nada pode substituir o valor, o poder, o exemplo brilhante dos povos antigos". Em geral, ele afirmava com veemência que esse era "verdade sobretudo com relação à França".[71]

Mas, deixando de lado o *amour propre* francês, será que de Gaulle não tinha razão? Se os americanos decidissem que a

---

[70] Reinhold Niebuhr, *The Irony of American History* (Nova York, 1962), p.134.
[71] Citado em Harper, *American Visions of Europe*, pp. 114-15.

Europa não passava de uma irrelevância irritante, a sociedade americana não iria, aos poucos, desvencilhar-se do que hoje chamamos de "Ocidente"? Não é um risco que se possa correr de maneira leviana, em ambos os lados do Atlântico. Então o que se deve fazer? A resposta óbvia é que a Europa deve seguir o rumo que Cooper, Ash, Robertson e outros recomendam, e aumentar suas capacidades militares, mesmo que apenas marginalmente. Não há muito espaço para esperança de que isso venha a acontecer. Porém, quem sabe? Talvez a preocupação com o poder imoderado dos Estados Unidos venha mesmo a gerar alguma energia na Europa. Talvez seja possível tocar nos impulsos atavistas que ainda circulam pelo coração dos alemães, dos ingleses e dos franceses – a recordação do poder, da influência internacional e da ambição nacional. Alguns ingleses ainda se lembram do império; alguns franceses ainda anseiam por *la gloire*; alguns alemães ainda querem um lugar ao sol. Esses anseios estão agora quase todos canalizados para o grandioso projeto europeu, mas poderiam encontrar expressão mais tradicional. Se é algo a se desejar ou temer já é outra questão. Seria melhor ainda se os europeus pudessem superar o medo e a raiva do colosso delinqüente e lembrar-se, mais uma vez, da necessidade essencial da existência de uma América forte, até mesmo predominante, para o mundo e, em especial, para a Europa. Parece um preço aceitável pelo paraíso.

Os americanos podem ajudar. É verdade que a administração Bush tomou posse com instintos belicosos. Os impulsos nacionalistas realistas herdados do Congresso Republicano da década de 1990 fizeram com que esse governo parecesse quase ávido por desdenhar das opiniões de quase todo o resto do mundo. O quadro que pintou em seus primeiros meses foi o de um monstro destruindo restrições que só ele via. Foi hostil com a nova Europa – como o foi, em grau menor, a administração

Clinton – não a considerando tanto uma aliada, mas um obstáculo. Mesmo depois de 11 de setembro, quando os europeus ofereceram forças militares bem limitadas na luta contra o Afeganistão, os Estados Unidos resistiram, temendo que a colaboração européia fosse um ardil para restringir os Estados Unidos. A administração Bush encarou mais como armadilha do que como ajuda a decisão histórica da OTAN de auxiliar os Estados Unidos segundo o Artigo 5. Foi, portanto, desnecessariamente desperdiçada uma oportunidade de atrair a Europa para uma batalha em comum no mundo hobbesiano, mesmo que em papel inferior.

Os americanos, porém, têm poder suficiente para não precisar temer os europeus, mesmo quando trazem presentes. Em vez de encarar os Estados Unidos como um Gúliver amarrado por cordas liliputianas, os líderes americanos deviam perceber que praticamente não sofrem restrição alguma, que a Europa não é mesmo capaz de deter os Estados Unidos. Se os Estados Unidos pudessem superar a ansiedade engendrada por essa inadequada sensação de limitação, poderiam começar a demonstrar mais compreensão com as sensibilidades alheias, um pouco mais da generosidade de espírito que caracterizou a política internacional dos Estados Unidos durante a Guerra Fria. Poderiam respeitar o multilateralismo e o Estado de direito, e tentar acumular algum capital político internacional para aqueles momentos em que o multilateralismo é inevitável e o unilateralismo é inevitável. Poderiam, em resumo, cuidar mais de demonstrar o que os fundadores chamavam de "respeito decente pela opinião da humanidade". Essa sempre foi a política mais sensata. E decerto há vantagens nela para os Estados Unidos: conquistar o apoio material e moral de amigos e aliados, em especial da Europa, é inquestionavelmente preferível a agir sozinho perante a ansiedade e a hostilidade européias.

São pequenos passos, e não resolverão os problemas profundos que assolam as relações transatlânticas. Afinal, porém, é mais do que clichê que os Estados Unidos e a Europa têm um conjunto de convicções ocidentais em comum. Suas aspirações para a humanidade são bem semelhantes, mesmo que sua grande disparidade de poder agora os tenha posicionado em lugares bem diferentes. Talvez não seja otimismo inocente demais acreditar que um mínimo de entendimento mútuo ainda poderia ir bem longe.

SOBRE O AUTOR

Robert Kagan é associado da Carnegie Endowment for International Peace, onde é diretor do U.S. Leadership Project. Além de uma coluna mensal no *Washington Post*, é autor de *A Twilight Struggle: American Power and Nicaragua, 1977-1990*, e co-editor, com William Kristol, de *Present Dangers: Crisis and Opportunity in American Foreign and Defense Policy*. Kagan foi funcionário do Departamento de Estado de 1984 a 1988.

IDÉIAS CONTEMPORÂNEAS

PILARES DO TEMPO
Stephen Jay Gould

AS VIRTUDES DE ENVELHECER
Jimmy Carter

UM BOBO EM CADA PONTA
Reflexões de um pescador medíocre
Robert Hughes

FILHOS SELVAGENS
Reflexões sobre crianças violentas
Jonathan Kellerman

DO PARAÍSO E DO PODER
Os Estados Unidos e a Europa na Nova Ordem Mundial
Robert Kagan

REENGENHARIA DO TEMPO
Rosiska Darcy de Oliveira

CONTRA AS CORRENTES
Libertando-nos do peso da história
Walter Mosley

A NOTÍCIA É UM VERBO
O que mudou no jornalismo
Pete Hamill

COMO A LEITURA MUDOU A MINHA VIDA
Anna Quindlen

BRAVAS DAMAS E WIMPETTES
O que as mulheres realmente estão fazendo na literatura e nas telas
Susan Isaacs

Este livro foi composto na DFL Ltda.
Rua Leandro Martins, 22 – sala 712 – Centro – Rio de Janeiro – RJ
e impresso na Editora JPA Ltda. Av. Brasil, 10.600 – Penha – Rio de Janeiro – RJ
para a Editora Rocco Ltda.